古迹荟萃

邵 奇/编写

GUJIHUICUI

吉林出版集团股份有限公司

吉林教育出版社

图书在版编目(CIP)数据

古迹荟萃 / 邵奇编写. － 长春：吉林教育出版社，
2012.6（2023.2重印）
（和谐校园文化建设读本）
ISBN 978－7－5383－8803－9

Ⅰ. ①古… Ⅱ. ①邵… Ⅲ. ①名胜古迹－中国－青年
读物②名胜古迹－中国－少年读物 Ⅳ.①K928.7-49

中国版本图书馆 CIP 数据核字（2012）第 116065 号

古迹荟萃
GUJI HUICUI

邵 奇 编写

策划编辑 刘 军 潘宏竹		
责任编辑 付晓霞	**装帧设计** 王洪义	
出版 吉林出版集团股份有限公司（长春市福祉大路5788号 邮编 130118）		
吉林教育出版社（长春市同志街 1991 号 邮编 130021）		
发行 吉林教育出版社		
印刷 北京一鑫印务有限责任公司		
开本 710 毫米×1000 毫米 1/16	**印张** 11	**字数** 140 千字
版次 2012 年 6 月第 1 版	**印次** 2023 年 2 月第 2 次印刷	
书号 ISBN 978－7－5383－8803－9		
定价 39.80 元		

编　委　会

主　　编：王世斌

执行主编：王保华

编委会成员：尹英俊　尹曾花　付晓霞

　　　　　　刘　军　刘桂琴　刘　静

　　　　　　张　瑜　庞　博　姜　磊

　　　　　　潘宏竹

　　　　　　（按姓氏笔画排序）

总 序

千秋基业，教育为本；源浚流畅，本固枝荣。

什么是校园文化？所谓"文化"是人类所创造的精神财富的总和，如文学、艺术、教育、科学等。而"校园文化"是人类所创造的一切精神财富在校园中的集中体现。"和谐校园文化建设"，贵在和谐，重在建设。

建设和谐的校园文化，就是要改变僵化死板的教学模式，要引导学生走出教室，走进自然，了解社会，感悟人生，逐步读懂人生、自然、社会这三本大书。

深化教育改革，加快教育发展，构建和谐校园文化，"路漫漫其修远兮"，奋斗正未有穷期。和谐校园文化建设的研究课题重大，意义重要，内涵丰富，是教育工作的一个永恒主题。和谐校园文化建设的实施方向正确，重点突出，是教育思想的根本转变和教育运行机制的全面更新。

我们出版的这套《和谐校园文化建设读本》，既有理论上的阐释，又有实践中的总结；既有学科领域的有益探索，又有教学管理方面的经验提炼；既有声情并茂的童年感悟；又有惟妙惟肖的机智幽默；既有古代哲人的至理名言，又有现代大师的谆谆教诲；既有自然科学各个领域的有趣知识；又有社会科学各个方面的启迪与感悟。笔触所及，涵盖了家庭教育、学校教育和社会教育的各个侧面以及教育教学工作的各个环节，全书立意深邃，观念新异，内容翔实，切合实际。

我们深信：广大中小学师生经过不平凡的奋斗历程，必将沐浴着时代的春风，吸吮着改革的甘露，认真地总结过去，正确地审视现在，科学地规划未来，以崭新的姿态向和谐校园文化建设的更高目标迈进。

让和谐校园文化之花灿然怒放！

本书编委会

目 录

横亘千年的世界奇迹——万里长城 ………………………………… 001

　　为何历朝历代都要修筑长城 ………………………… 001

　　万里长城是怎样建成的 ……………………………… 004

　　万里长城的四大特点 ………………………………… 005

　　著名的长城遗址 ……………………………………… 007

　　共同关爱长城 ………………………………………… 018

辉煌灿烂的宫殿建筑群——故宫 ……………………………… 020

　　无与伦比的古代建筑杰作 …………………………… 020

　　故宫有哪些重要建筑 ………………………………… 022

　　富有生活气息的内廷 ………………………………… 024

　　故宫中的主要陈列 …………………………………… 027

　　故宫为何又叫紫禁城 ………………………………… 030

　　故宫究竟是谁设计的 ………………………………… 030

　　故宫为何用红墙黄瓦 ………………………………… 032

　　故宫为什么绝少古树 ………………………………… 033

　　故宫的屋脊怪兽有什么讲 …………………………… 034

　　故宫冬天怎样取暖 …………………………………… 036

　　故宫的"冷宫"在何处 ……………………………… 037

皇家园林博物馆——颐和园 ………………………………… 039

　　沧桑不尽颐和园 ……………………………………… 039

　　为什么修建昆明湖 …………………………………… 041

　　颐和园里的铜牛有何用 ……………………………… 043

石舫铜亭的见证 ···································· 045

我国最长的长廊 ···································· 045

中国的凡尔赛宫——圆明园 ···················· 048

圆明园的兴建 ······································ 048

圆明园的主要景观 ·································· 051

宏大的博物宝库 ···································· 054

圆明园大劫难 ······································ 055

塞外明珠——承德避暑山庄 ···················· 058

避暑山庄的由来 ···································· 059

最美的理由 ·· 060

土尔扈特东归 ······································ 062

烟波致爽殿与北京政变 ······························ 064

承德外八庙 ·· 066

多伦会盟与木兰围场 ································ 068

天人合一的祭祀建筑——天坛 ·················· 071

天坛的建筑特色 ···································· 071

非凡的坛庙布局 ···································· 072

天坛的艺术和价值 ·································· 077

世界屋脊上的明珠——布达拉宫 ················ 079

布达拉宫的建筑特色 ································ 079

布达拉宫的传奇 ···································· 082

布达拉宫的文物珍藏 ································ 083

大昭寺 ·· 084

罗布林卡 ·· 085

中国佛教艺术宝库——敦煌莫高窟 ·············· 087

敦煌的历史地位 ···································· 087

莫高窟的彩塑 ······································ 088

莫高窟的壁画 …………………………… 089

藏经洞是怎么发现的 …………………… 091

莫高窟千年不没之谜 …………………… 093

"佛光"和"千佛"之谜 ………………… 095

伸向藏经洞的罪恶之手 ………………… 096

珍视国宝,保护国宝 …………………… 098

石佛最多的石窟——云冈石窟 ………… 100

太武灭法与石窟的开凿 ………………… 100

独特的石窟艺术 ………………………… 102

云冈石窟的艺术价值 …………………… 104

石刻艺术博物馆——龙门石窟 ………… 106

石窟的开凿 ……………………………… 106

武则天与龙门石窟 ……………………… 108

黄河城摞城——开封 …………………… 110

龙亭湖下城摞城 ………………………… 110

破解"城摞城"之谜 …………………… 113

清明上河园 ……………………………… 115

千年瓷都——景德镇 …………………… 117

皇帝的瓷都 ……………………………… 117

官窑逸事 ………………………………… 120

景德瓷器走出国门 ……………………… 123

窑火中诞生的城市 ……………………… 124

船载景德 ………………………………… 125

景德复兴 ………………………………… 126

中国现存最完整的古城——平遥古城 … 127

古城风貌 ………………………………… 127

气势恢宏的古城墙 ……………………… 129

外雄内秀的民居建筑 ……………………………… 130

晋商历史 ……………………………………………… 131

"日升昌"票号 ………………………………………… 132

世界上最大的地下陵寝——秦始皇陵 ……………… 135

　千古一帝秦始皇 …………………………………… 135

　闻名中外的秦始皇陵 ……………………………… 136

　秦始皇陵地下墓穴的结构 ………………………… 138

　秦始皇陵被掘或被盗过吗 ………………………… 140

　为什么不发掘秦始皇陵 …………………………… 142

　威武雄壮的兵马俑 ………………………………… 143

　秦陶塑兵马俑的艺术欣赏 ………………………… 145

一代女皇的无字丰碑——唐乾陵 …………………… 148

　夫妻皇帝合葬陵 …………………………………… 148

　乾陵的石刻模式 …………………………………… 150

　溢彩流光的陵墓壁画 ……………………………… 153

　武则天的碑为何无字 ……………………………… 155

仙阁凌空——蓬莱阁 ………………………………… 159

　追溯蓬莱阁 ………………………………………… 159

天下绝景——黄鹤楼 ………………………………… 162

　千载悠悠黄鹤楼 …………………………………… 162

　画影图形 …………………………………………… 163

　崔颢题诗,李白搁笔 ……………………………… 165

天下名楼——岳阳楼 ………………………………… 166

　岳阳天下楼 ………………………………………… 166

横亘千年的世界奇迹——万里长城

青砖黄土勾勒出它朴实的结构，夕阳下的关口默读出它壮烈的历史。这条城墙连绵了中国 2000 多年的历史，它是古代劳动人民的血泪，是统治者最得意的战争杰作。它在每一个中国人的心里占有绝对的位置。有人说它是中国的脊梁。脊梁是要有骨气的，当你看到一条巨龙奔腾飞跃于蜿蜒起伏的座座山峰，你就明白它是最代表中华民族精神的建筑。

长城位于中国北部，东起山海关，西到嘉峪关，全长约 6700 千米。从公元前 7 世纪楚国筑"方城"开始，至明代共有 20 多个诸侯国和封建王朝修筑过长城。其中修筑于秦、汉、明三个朝代的长城长度都超过了 5000 千米，而明长城全长约 6700 千米。英国 BBC 民意调查中，英国人自己认为一生必不可少的 50 种经历中，就有一项是到中国长城一游。

为何历朝历代都要修筑长城

公元前 221 年，秦始皇吞并六国，统一天下。为了巩固统一帝国的安全和生产的安定，防御北方游牧民族匈奴奴隶主的侵扰，秦始皇大修长城。至汉朝，统治者开始采取"和亲"政策以及利用长城进行军事打击，对北部强大的匈奴族进行控制，长城的防御意义发生了微妙的变化。至明代，蒙古人退到北部蒙古高原，并一直对明王朝构成军事威胁，双方战事不断，而明后期崛起的女真人也是明代的主要敌人。因此，明代长城的修建持续了 200 余年，延续了整个明代。清代，朝廷对蒙古人以笼络为主，军事打击为辅，长城的防御功能被淡化，因此其修建史也从此告一段落。

现存明长城

　　长城在不同历史时期的建筑技艺和材料的变化从侧面反映了中国古代文明的发展。在冷兵器时代,战争多以刀、箭为主,长城用成本较低的夯土、土坯及石头就能抵挡游牧民族的骑兵。到明代,火药的发明使得战争的破坏力大大增强,长城的建筑方法也相应发生变化,在军事要冲,长城以砖砌、砖石混砌为主,城体更为坚固。

　　今天看来,长城作为防御的功能并不是它本身意义的全部。因为在修筑长城的同时,为了解决大量军人的粮食供给问题,历朝都实行了移民屯田政策,大片土地被开垦。同时先进的农耕技术和工具也被带到了那里,使得当地农业生产水平提高得很快,这也刺激了北方地区经济的发展。因为长城采取的是垦戍结合,就是戍守长城和开垦荒地相结合,平时生产,战事来了就去打仗,最后营房变成村落。另外,大批军人及开发这一地区百姓的到来,带动了交通网道的建设,这些都加剧了汉化的扩张,荒漠区开始繁荣起来。

长城沿线与农牧区自然分界线重合，城墙内外的经济互相依存。人们没有因为战争而停止过往来互市，他们频繁地进行私下交易。而历代朝廷也都主办固定的茶马贸易。这种看似简单的交易已经演变为农业经济和草原经济的交流。汉长城向西部的大规模延伸，还起到保护丝绸之路上商旅往来的作用，所以后来在全国影响很大的晋商，能把生意做到俄罗斯，做到欧洲。

长城的修筑是普通劳动人民遭受苦难的历史。历代为修筑长城动用的劳动力数量都非常庞大，据历史文献记载，秦代修长城除动用 30 万～50 万军队外，还征用民夫四五十万人，多时达到 150 万人。北齐为修长城一次征发民夫 180 万人。隋史中也有多次征发民夫数万、数十万乃至百万人修长城的记载。

而发生在城墙内外的著名战役，造就了许多为中华民族所敬仰的英雄人物。战国时代李牧在赵国主持修建长城并利用长城抗击匈奴侵犯，立下奇功，开创历代壁垒防御战的光辉战例。为纪念他的功绩，后人在雁门关修筑李牧祠作为纪念，至今祠堂遗址犹存。此后，秦代的蒙恬，汉代的卫青、霍去病，唐代的李靖、裴行俭，明代的戚继光、袁崇焕等文臣武将，都曾经在长城脚下立下过丰功伟绩。

古人们将自己对长城的复杂心理谱成诗词，以抒情怀。《汉书·贾捐之传》上有"长城之歌，至今不绝"的描述。汉末女诗人蔡文姬《胡笳十八拍》中的"夜闻陇水兮声呜咽，朝见长城兮路杳漫"，"杀气朝朝冲塞门，胡风夜夜吹边月"，生动地描写了她登临长城时的感受。唐时边塞诗人、词人已成为独树一帜的诗词流派。李白的"长风几万里，吹度玉门关"，王昌龄的"秦时明月汉时关，万里长征人未还"，王维的"劝君更尽一杯酒，西出阳关无故人"，岑参的"忽如一夜春风来，千树万树梨花开"，王之涣的"黄河远上白云间，一片孤城万仞山。羌笛何须怨杨柳，春风不度玉门关"等名句传诵千载。

万里长城是怎样建成的

在我们游览宛如长龙奔驰在崇山峻岭之间的长城时,那种惊叹和赞赏的心情常常无以表达。人们很难想象,在当年生产工具极其落后的情况下,要完成如此浩大的工程,需要多少人付出辛勤的劳动。

修筑长城是为了防御和守望。因此,长城所筑之地,常为绝壁险隘。今天,长城游人如织,我们在登长城时,徒手而上还常常气喘吁吁,感到乏累,而砌长城的石条长达3米,有的重1000多千克,全要靠人力一点点弄上去。古代的能工巧匠们在修筑长城时想了许多办法,他们利用自然地形进行施工。有山岗的地方利用山脊作基础,外面包砌石块,既达到控制险要地段的目的,又节约了运石料的力气。

修筑长城中,需要把大量的土方、条石运上山岭。劳动人民便采用排队传递的办法,将垒墙所用的黄土和砖,一筐筐一块块地传上去。搬运大块石头时,就用滚木、杠木等办法来一寸一寸地搬运。

修建长城所耗人力是非常惊人的,这些参加修建长城的人,主要是国家戍边的官兵、被征来的民夫和被充军的罪犯。秦朝的长城,秦始皇派兵30万,又加上不计其数的民夫和充军罪犯,修筑了10年时间才得以完成。

为加速长城的修筑,统治者采取分段、分片、分区"承包"的办法。现存八达岭的一块明万历年间的石碑,记载了当时一段70多丈的长城,是由几千官兵和许多民工包修而成。

修筑长城除了用大量石料外,在平原黄土地带多采用取土夯墙的办法。在沙漠地区,则用芦苇或柳条层层铺沙修筑。砌墙所用的砖、瓦、石灰和木料等,除就地烧制、砍伐外,官府还特设专门供料部。

我们今天登上长城,临风而站,目睹万里长城的雄奇壮观时,可以想象当年劳动者在修筑长城时的忙碌身影,仿佛还可以听到从遥远的年代传来的一阵阵劳动者夯土筑墙的吆喝声。长城上的每一砖每一石每一寸土，都凝聚着古代劳动人民的智慧和血汗，是他们这些名不见经传的能工巧匠们为我们民族留下了这千古绝唱的雄伟长城。

万里长城的四大特点

万里长城每年都吸引着络绎不绝的参观者，来北京访问的外国元首，他们在北京停留的时间安排表上，必有游览长城这项内容。中外旅游者、考古科学家慕名多次登上长城的人也很多。长城之所以能吸引如此众多的中外游人，是因为它具有如下四大特点：

一、长城的历史悠久

长城是中国，也是世界上修建时间最长、工程量最大的一项古代防御工程。修建长城的历史可以追溯到公元前9世纪的周代。当时周宣王为防御北方民族的侵袭曾修建了列城和烽火台。公元前7~前8世纪，许多诸侯国都修建了自己的长城，以防邻国的入侵。

修筑最早的是公元前7世纪的楚长城，其后齐、韩、魏、赵、燕、秦、中山等大小诸侯国家都相继修筑长城以自卫。据文献记载和遗迹显示，"先秦长城"长度都较短，从几百千米到一两千米不等。

秦统一六国后，秦始皇派大将蒙恬北伐匈奴，把各国长城连起来，西起临洮，东至辽东，绵延万余里，遂称万里长城。秦长城距今已有2300多年的历史。

自秦始皇以后，从汉到清十多个朝代，都修筑过长城，其中以汉、金、明三个朝代的长城规模最大。汉长城是历史上最长的长城，全长近一万千米，西起大宛贰师城，东至黑龙江北岸，古丝绸之路有一半的路程就沿着这条长城。

明代所修的长城，也就是我们今天参观游览的长城，距今也有600多年的历史。如此古老的伟大建筑，能保存至今，便成为世界上稀有、珍贵的文化遗产。

二、长城的长度惊人

据统计,我国从春秋战国到明朝这漫长的数千年的历史长河中,历代统治者对长城都有不同程度的维护、增建。长城遍布黄河、长江流域的 16 个省、市、自治区。其中超过万里的有秦长城、汉长城和明长城。

明代长城是我国最年轻、最壮丽和保存最完好的一段长城,它东起辽宁省的鸭绿江,西至甘肃的嘉峪关,横跨辽宁、河北、天津、北京、内蒙古、山西、陕西、宁夏、甘肃九个省、直辖市和自治区。全长 6350 千米。

三、长城的工程浩大

美国登上月球的宇航员,在月球上凭肉眼遥望,能看到两个人造建筑物:一是荷兰须德的围海造田工程,但那海堤短而小,看不清晰。而中国的万里长城,却横跨在地球北半部,像一条彩带,清晰明了,十分壮观。

经实地考察,各个时期修建的长城累计长度达 5 万千米以上。仅以明代修筑的长城估算,就需用砖石 5000 万立方米,土方 1.5 亿立方米。如用来铺筑宽 10 米、厚 35 厘米的道路,可以绕地球两周有余。历代为修筑长城动用的劳动力数量也十分可观。据历史文献记载:秦代修长城除动用 30 万~50 万军队外,还征用民夫四五十万人,多时达到 150 万人。

四、长城的结构和布局奇特

长城是由城墙、敌楼、关城、墩堡、营城、卫所、镇城烽火台等多种防御工事所组成的一个完整的防御工程体系。这一防御工程体系,由各级军事指挥系统层层指挥、节节控制。以明长城为例,在万里长城防线上分设了辽东、蓟、宣府、大同、山西、榆林、宁夏、固原、甘肃九个军事管辖区来分段防守和修缮,称作"九边重镇"。每镇设总兵官作为这一段长城的军事长官,受兵部指挥,负责所辖军区内的防务并奉命支援相邻军区的防务。明代长城沿线约有 100 万兵力防守。总兵官平时驻守在镇城内,其余各级官员则分驻于卫所、营城、关城、敌楼和墩堡内。

长城的结构和布局十分奇特。首先,在布局上充分考虑环境的地形地貌特征,遵循"因地形,用险制塞"的原则。长城在重要的道口、险峻山口、山海交接处设置关城,既可交通又可防守。在跨越河流的地方,长城下设水关,使河水通过。出于防守的需要,在城身上每隔不远处建有突出的墙台,便于左右射击靠近墙体之敌;相隔一定距离又有敌楼,用来存放武器、粮草和供守卒居住,战时又可用作掩体。在长城沿线还建有独立的烽燧、烽台,用于有敌来犯时举火燃烟,传递信息。其次,在建筑材料和结构上遵循"就地取材、因材施用"的原则,创造了多种结构方法,有夯土、块石片石、砖石混合等。在西北黄土高原地区,长城大多用夯土夯筑或土坯垒砌,其坚固程度不亚于砖石。如甘肃的嘉峪关长城墙体,修筑时专门从关西10多千米的黑山挖运黄土,夯筑时使夯口相互咬实,这种墙体土质结合密实,墙体不易变形裂缝。在沙漠中还利用了红柳枝条、芦苇与沙砾层层铺筑的结构,在今甘肃玉门关、阳关和新疆境内还保存了2000多年前西汉时期这种长城的遗迹。

著名的长城遗址

万里长城现在虽已失去了它原来的作用,但人们又赋予它更多的象征意义。它作为我国古代劳动人民创造的一项伟大工程,具有永久的宝贵价值。1961年,国务院将山海关、居庸关、八达岭、嘉峪关等处重要长城地段公布为全国重点文物保护单位,并逐年加以维修,向游人开放。其他散存于各省市的各时代的长城遗址,也都在政府的保护之列。

在北京著名的长城遗址主要包括居庸关、八达岭和慕田峪长城、古北口长城、金山岭长城、沿河城长城。

居庸关

居庸关在北京城西100多里的地方,建筑在一条长达30多里的深谷中。这条山谷叫关沟,两旁山岭重叠、悬崖峭壁,下临深沟,树木葱茏,景色优美。所以在800年前的金朝,这里便被称作"居庸叠翠"而列为燕京八景之一。

居庸关是古代北京的西北门户,历代都将此作为要塞,因所处地势险要,自古有"绝险"之说。居庸关的中心,现在还保存着一个雕刻得非常精美的白石台子,叫作"云台",台子下面券门内的石壁上雕刻着四大天王浮雕和许多栩栩如生的佛像。

居庸关云台

居庸关有南北两个外围关口。南面的叫南口,是关沟的入口,此处旧关城和城墙已残破,只能在沟口两旁的山脊上看出城墙的痕迹。北口就是八达岭口。

居庸关不但地势险要,而且历史上或为北国大门,或为京畿要防,其地理位置和战略地位之重要,全国罕有其他关隘能同它相比。

北京自古为军事重镇,后又相继成为五朝京都。1209年,蒙古军进攻金的中都(即北京),金兵死守居庸关,蒙古军不能入,于是采用声东击西之计,留一部分人马屯守居庸关外,暗中调主力向西南进攻紫荆关,入关后迅速移兵从南反攻居庸关,居庸关这才被攻破。1211年,成吉思汗又派兵攻破居庸关,并在关城驻扎。到了元末,朱元璋的军队攻打元大都(今北京),元主由居庸关北走,元朝灭亡。明大将徐达派兵守居庸、古北口等关口,断绝了亡元残余势力的南窥之道。1644年,农民起义军领袖李自成率百万大军攻破居庸关进入北京城,明崇祯皇帝吊死煤山,明朝灭亡。

八达岭

八达岭长城地势险峻,依山而建,是明朝京城的北大门和军事要地,它包括关城和城体及敌台、墙台、烽火台等,关城总面积为5000平方米。八达岭位于居庸关关沟的北口,与南口相对,是居庸关的门户。从八达岭俯视居庸关,远眺北京城,居高临下,扼控交通,有"一夫当关,万夫莫开"之势。古人说:"居庸之险不在关,而在八达岭。"

八达岭长城

由八达岭向南可通北京,向北可至延庆县,向西能到山西大同,向东可至永宁县。因此地四通八达,所以得名"八达岭"。

八达岭最高峰海拔 800 米,是古代保卫中原的战略要地,历史上元明两朝曾在这里设重兵把守。

八达岭长城筑有东西两座关城,东为"居庸外镇"城门,西为"北门锁钥"城门,是万里长城中最著名的关隘之一。

八达岭长城是明代长城中最典型、最高大雄浑的一段。城墙外皮用大城砖或重达 1 吨多的花岗岩条石砌成,内夯混土碎石,特别坚固整齐。墙体平均高 7.8 米,厚 6.4 米,墙顶宽 5.8 米,可容五马并骑,十人并进。墙的外侧筑有 1.7~2 米的堞墙、垛口。垛口下侧开一小洞,叫射洞,用于射箭。墙顶内侧砌有宇墙,俗称女儿墙,起安全作用,宇墙一侧开有洞门,内铺石阶可登墙顶,墙面均用方砖铺成。另外,还建有用于放哨的"城台",用于存放武器的"敌台"和用于储备火药的"战台"。各种建筑均从军事防御出发,使长城成为防御外敌的铜墙铁壁。

八达岭长城上设有古炮。古炮共有五尊,是当时的先进武器之一。其中最大一尊炮筒长 2.85 米、口径 105 毫米,射程达千米以上,威力甚大。炮身上刻有"敕赐神威大将军"字样,为明代崇祯十一年(1638 年)制造。该炮是 1958 年从八达岭东 10 余里的张堡运来的。另外四尊牛腿小炮,为 1957 年整修长城时的出土文物,同时还发掘出数百枚炮弹,均为明朝制品。

烽火台为一座座独立据守的碉堡,修筑于长城沿线两侧的险要之处或视野开阔的岗峦上,属长城防御工事的重要组成部分。一般每距 5~10 里重筑一台,每个台上设有 5 个烽火墩,为燃放烟火报警、传递军情的专用设施。如遇敌情,白天燃烟称"燧",夜间点火叫"烽"。据说古时曾掺狼粪烧烟,其烟可直冲云天而不散,所以烽火台亦有狼烟台或烟墩之称。自明代成化二年(1466 年)起,燃放烟火还加硫黄、硝石助燃,同时鸣炮为号。根据敌军的多少,对燃放号炮的数量也有明确规定。

另外一座气势雄浑的城堡就是关城的前哨——岔道城,还有用大城砖或重达1吨多的花岗岩条石砌成的城墙,修筑于长城沿线的交通要道或地势险要之处,为碉堡式建筑的战台。

八达岭长城是历史上许多重大事件的见证。秦始皇东临碣石后,从八达岭取道大同,再驾返咸阳,萧太后巡幸、元太祖入关、元代皇帝每年两次往返北京和上都之间、明代帝王北伐、李自成攻陷北京、清代天子亲征……八达岭都是必经之地。近代史上,慈禧太后西逃泪洒八达岭,詹天佑在八达岭主持修筑了中国人自己修建的第一条铁路——京张铁路,孙中山先生登临八达岭长城等,为今天留下了许多历史典故和珍贵的回忆。

慕田峪长城

慕田峪长城位于北京怀柔境内,距北京城73千米,西接居庸关,东连古北口。据记载,慕田峪长城始建于北齐年间,现存为明代修建的。朱元璋派大将徐达在北齐长城遗址上督建而成这段长城,1404年正式命名。这是历史上修建规模最大、质量最高的长城。慕田峪长城长2250米,有敌楼22座。正关台居中,三座敌楼并立,三楼之上并排有3座望亭,在整个长城建筑中极为罕见。

1985年,慕田峪长城正式对外开放,是北京地区重要的长城游览新区,这里的长城已被修葺一新,并有漂亮的登城缆车往来空中。

城墙盘亘于险峰翠峦之中,墙体高大,碉堡密集,视野开阔,风光绝佳,景观胜于八达岭长城。

古北口长城

古北口长城坐落在北京密云县境内,距北京城130千米,沿京密公路可直达。

古北口历代都是军事重镇,地形极其险要。盘龙、卧虎两山对峙,陡峭难攀。长城兀立其上,宛在云间,座座敌楼相望,十分宏伟壮观。潮河之水由此处夺关而下,河谷成为唯一的通道。从利于泄水和防御考虑,原来在河道中构筑有水楼水关,成为明代长城建筑的奇景,现仅存遗迹。

古北口长城

金山岭长城

金山岭长城位于古北口长城东南 10 余千米处,属河北省滦平县管辖。金山岭海拔 700 米,登山北观群山似涛,东望司马台水库如镜,南眺密云水库碧波粼粼。金山岭长城是万里长城修建时间最晚的一段,营造者吸取了历代战争长城被攻陷的教训,在提高总体防御能力方面有许多独到之处,组成了一道城关相连、敌楼相望、重城护卫、射界交叉、烽火报警的防御体系。

金山岭长城依山凭险,起伏跌宕于山水之间,形势极为壮美。尤其此处敌楼密集,构筑精巧,形式多样,是八达岭、山海关、嘉峪关等地长城绝难媲美的。这里也是万里长城中正在开发的旅游胜地之一。

沿河城长城

沿河城长城坐落在北京市西门头沟区西北群山耸立的巨大峡谷之中。原为明代修建的一座边塞小城，距离北京60千米，有铁路、公路可抵达。

沿河城长城用河中卵石砌成，背靠灵山（为燕山最高峰，海拔2300米），前临永定河，依山面水，形势险峻。沿河城敌楼设计精湛，布局讲究，控制水陆交通，形势险要，令人叹为观止。

在外地的著名长城名胜主要有山海关、老龙头、雁门关、嘉峪关。

天下第一关——山海关

明太祖朱元璋曾这样形容山海关："幽蓟东来第一关，襟连沧海枕青山。"

山海关古称渝关，又名临闾关，位于河北省秦皇岛市东北部，北依燕山，南临渤海，东接辽宁，西近京津，是华北通往东北的咽喉要冲之地，历来为兵家必争的重要军事关隘。明太祖朱元璋命中山王徐达在此修筑关城，派重兵把守，使这里成了军事防务重镇。山海关修建距今已有600余年，它的关城有两翼，关的北面万山重叠，气势雄伟，长城从山上蜿蜒而下，与城关相连。在城关的东面有一段长城，一直伸向渤海。关城高14米，厚7米，周长4千米，雄关耸立，有固若金汤之势。

山海关是一座长方形的城台，高12米，自东向西，东为关外，西为关内，南北接长城。城楼雄踞关上，巍然矗立。登临其上，南眺渤海烟波浩渺，北望长城蜿蜒山巅直插云表，令人心旷神怡，为之气壮。

西面二楼棂窗上悬挂着白底黑字的巨幅匾额，镌刻着"天下第一关"五个行楷大字，字高达1.6米，笔力沉雄顿挫，别具一格。传说明代著名的大书法家萧显用那支特制的长柄大笔，在匾前来回踱步，徘徊良久，猛一操笔，饱蘸浓汁，疾步走到匾前，屏气凝神地写起来，落笔提笔，如飞燕掠食,运笔似力拔千钧。不到一刻,"天下第一关"五个大字便落到了匾上,顿时,高大的门厅都矮了半截。这几个字雄浑有力,与气势非凡的城楼一起驰名海外。

自明代建成山海关后,这里曾发生过不少次战争,最著名的是促使明清两朝更替的山海关之战。明崇祯十七年(1644年)三月十九日,李自成率领的农民起义军攻占明朝京都北京以后,盘踞山海关的明总兵吴三桂见大势已去,接受了李自成的招降。后来吴三桂风闻起义军拘禁了他的父亲和爱妾陈圆圆,便"冲冠一怒为红颜",转身向清摄政王多尔衮乞师投降,割发称臣,并拱手献出山海关。李自成闻讯,亲率6万余人挥师东征,与吴三桂争夺山海关。起义军把吴军团团围住,吴三桂多次突围不成,正值灭顶之灾的紧急关头,清军应吴三桂密约,派14万人马突然从侧翼向李自成扑来,加上这时大风骤起,飞沙走石,打乱了起义军的阵脚。李自成见已不能继续攻打山海关,便决定撤兵,于二十六日返回北京。后来还有1900年八国联军入侵山海关、1924年第二次直奉之战、1933年榆关抗战、1945年山海关保卫战等战役,对中国历史影响深远。

天下第一关——山海关

长城东部的起点——老龙头

据考察,长城东部的起点,秦朝时是在碣石山。明朝初期,山海关以东的长城延伸到鸭绿江。但因明代关外的长城大多是由土石垒成的,后来逐渐坍塌,以后,人们就开始以石砌的长城算做长城东部的起点,这个起点就是老龙头。

老龙头距山海关4千米,它砌石为垒,高10多米,伸入渤海20多米,是明朝名将戚继光所建。若将万里长城比作一条翻山越岭的巨龙,此处就是巨龙之首,它伸进大海,掀涛翻浪,气壮山河,蔚为奇观。老龙头也因此而得名。

乾隆帝曾五次来到这里,还亲题澄海楼。澄海楼十分壮观,但被八国联军所毁,后又重新修建。

天险要隘雁门关

"三关冲要无双地,九塞尊崇第一关"的雁门关建于明代,是明长城的重要关隘。雁门关位于山西代县西北20千米处,与宁武、偏关两关并称为外三关。

在我国历史上,曾多次发生北方游牧民族匈奴、突厥、契丹、蒙古等少数民族骠骑南侵,他们通过雁门关,南下经太原威胁长安、洛阳,向东直指北京。所以历史上各朝统治者,都对雁门关的地位非常重视,筑城设防,派遣雄兵强将镇守雁门关。

雁门关修建在雁门山上,这里山势陡峭,位置重要,即使飞雁也要穿过这里才能远飞南北,雁门关因此得名。明朝时,统治者在历代留下的城池基础上,多次重修城墙、烽火台,并使之与附近的长城连成一个完整的军事防御体系,使雁门关成为内长城上一个坚强据点。

千百年来这座雄关以其伟岸的身躯,铸就了一道钢铁屏障,阻挡着一切来犯之敌。赵国李牧驻守雁门关数十年，大破匈奴10余万。秦朝大将蒙恬出雁门关修长城北击匈奴。汉代为防卫南犯之敌，在雁门关一带设置防御，卫青、霍去病、李广常驰骋长城内外。唐代薛仁贵多次在雁门关出击匈奴。北宋杨业在雁门关外大败辽兵。后来抗日战争时期，贺龙、关向应指挥八路军120师在此痛歼日寇。陆游曾有诗云："全师出雁塞，百战运龙韬"，"夜沙风破肉，攻垒雪平壕"，今日读来，心绪仍为其震撼！

气壮山河嘉峪关

嘉峪关位于甘肃省西部酒泉县境内嘉峪山麓，是明代万里长城西端的终点。它雄峙于祁连山雪峰与马鬃山诸峰之间，地势险要，巍峨宏伟，被誉为"天下第一雄关"。

天下第一雄关——嘉峪关

嘉峪关是古代"丝绸之路"必经的关隘，因此为历代军事重镇。

嘉峪关城建于明朝，距今已有 600 多年的历史。开始只有关城，无楼。明嘉靖十八年（1539 年），扩建为现存的规模。关城开东西两道正门，其上各筑关楼一座，结构精巧，气势雄伟。东西二门均筑有瓮城围护，辟门不与正门直通，愈增关城幽深肃穆之感。整座关城气势非凡，极为壮观，也是目前现存关城中最完整的一处。

嘉峪关的修建，花费了大量人力物力。在古时简陋的建筑条件下，能建起如此雄伟的关城，是很不简单的，正因为如此，才演绎出一段段动人的传说。据说当初修建嘉峪关时，需要成千上万块长 2 米、宽 0.5 米、厚 0.3 米的石条，工匠们在黑山将石条凿好后，却无法运输。隆冬将至，若耽误工期是要杀头的。这时，忽然山顶一声闷雷，从白云中飘下一幅锦绸，众工匠赶紧接住，只见上面若隐若现有几行字。大家看后恍然大悟，按其行事。冬季来临，众人从山上往关城修一条路，在路面上泼水，让其结成一条冰道，然后把石条放在冰道上滑行运输，结果非常顺利地就把石条运到了嘉峪关城下，不但没有延误，反而节省了工期。众工匠为了感谢上苍的护佑，在关城附近修建庙宇，供奉神位，成为工匠出师后必须参拜的地方。

相传明正德年间，有一位名叫易开占的修关工匠，精通九九算法。所有建筑只要经他计算，用工用料就会十分准确和节省。监督修关的监事官特意请来易开占。易开占经过详细计算后说："需要九万九千九百九十九块砖。"监事官依言发砖，并说："如果多出一块或少了一块，都要砍掉你的头，还要罚众工匠劳役三年。"工程竣工后，剩下了一块砖被放置在西瓮城门楼后檐台上。监事官想借此为难易开占和众工匠，易开占说："那块砖是神仙所放，是定城砖，如果搬动，城楼便会塌掉。"监事官一听,不敢再追究。从此,这块砖就一直放在原地,谁也不敢搬动。是易开占计算错误还是故意留下一块定城砖,种种神秘只有那块砖知道。现在这块砖还存放在西瓮城门的后楼台上。

嘉峪关矗立于大漠边缘,雄壮非凡。游人登城楼远望,万里长城宛如一条巨大的游龙,浮动于戈壁滩瀚海之中,晴天时,有时可见海市蜃楼。其奇特景观,使之成为长城沿线著名旅游胜地。

共同关爱长城

万里长城是人类历史上规模最大的军事防御工程。随着社会的进步,它的历史作用已成为过去。在今天的新时代中,古老长城成为中华各族人民坚强团结的象征,同时也是全人类最珍视的古建筑奇迹之一。

然而,近些年来,长城却一度遭到破坏。对长城的破坏有自然破坏和人为破坏两种。

长城历经千百年风雨、地震等的侵袭和破坏,年久失修的砖石砌筑城墙和敌楼等墙体建筑,普遍存在着内部结构改变的状况,坍塌隐患很多。这些破损的情况,除了八达岭、嘉峪关、山海关等重点地段外,大多不能得到及时的修复,坍塌状况越来越严重。人为破坏主要有四个方面:一、单位或个人取长城砖、石、土等材料,作为其他建筑材料使用造成的取材性破坏;二、城市建设或其他工业、农业、交通等建设项目施工过程中,对长城造成的建设性破坏;三、旅游开发和实施过程中,对长城及其环境造成的旅游性破坏;四、对长城进行维修和复建过程中,不遵照历史真实,不遵循"整旧如旧"的原则,对长城造成的修复性破坏。

《长城保护条例》已经于2006年9月20日由国务院颁布。长城沿线政府也提高了对长城重要性的认识,加大了保护长城的力度。陕西省已出台通知,严禁无序、过度、破坏性地开发和利用长城。北京、河北等地也已经采取措施,保护境内的长城遗迹。甘肃省准备对境内长城进行全面调查,然后确立若干重点保护地段和重点维修地段,运用高科技手段对有隐患的地方进行加固。甘肃省还建立了省、县、乡、村四级保护体系,长城所在的村庄实行"村长负责制",成立由当地村民组成的"长城保护小组",有效地阻止了人为因素对长城的破坏。

千古长城是我们的骄傲,让我们尽全力保护它,让它再过数百年、数千年,仍能雄姿焕发,让我们中华民族的子孙后代,都为拥有它而自豪!

辉煌灿烂的宫殿建筑群——故宫

　　在首都北京的中心区,有一座辉煌壮丽的宫殿群,它就是举世闻名的北京故宫。故宫是明清两代的皇宫,始建于明永乐四年(1406 年),完成于永乐十八年(1420 年)。自 1420 年明朝第三代永乐皇帝朱棣迁都于此,先后有 24 位皇帝(明朝 14 位,清朝 10 位)在这座宫城里统治中国将近 500 年之久。皇帝办公、居住之所,自然规模宏大,气势磅礴,金碧辉煌。时至今日,这里不仅在中国,在世界上也是规模最大、保存最为完整的古代皇家宫殿建筑群。由于这里是帝王之家,中国古代建筑艺术中最优秀和最独特的部分都在这里得到集中的体现,所以它成为中国建筑史上的经典之作,1987 年被联合国教科文组织评定为世界文化遗产。

无与伦比的古代建筑杰作

　　故宫原名紫禁城,共有宫殿 9000 多间,都是木结构、黄琉璃瓦顶、青白石底座,饰以金碧辉煌的彩画。故宫是一组红墙黄瓦的建筑群,宫殿、宫门上的匾额都是用汉文书写的。到了清代,皇帝是满族,就把满文定成了国文,并在全国通用。顺治皇帝住进紫禁城以后,便把皇宫中所有宫殿、宫门上的匾额都改成用汉满两种文字并列书写,少数匾额上还有蒙文,一般是满文在左,汉文在右,这是由于人们习惯上都以左为上,右为下。后来袁世凯把外朝所有宫殿、宫门匾额上的满文都去掉了。

　　故宫中的宫殿是沿着一条南北向中轴线排列的,并向两旁展开,南北取直,左右对称。这条中轴线不仅贯穿在故宫内,而且南达永定门,北到鼓楼、钟楼,贯穿了整个城市,气魄宏伟,规划严整,极为壮观。建筑学家们认为故宫的设计与建筑实在是一个无与伦比的杰作,它的平面布局、立体效果,以及形式上的雄伟、堂皇、庄严、和谐,都可以说是世界上罕见的。

故宫外景

故宫面呈长方形,南北长961米,东西宽753米,占地面积72万多平方米。城墙环绕,周长3428米,城墙高7.9米、底部宽8.62米,上部宽6.66米。城墙四角各有一座结构精巧的角楼。城外有一条宽52米、长3800米的护城河环绕,构成完整的防卫系统。宫城辟有"四门":南有午门,为故宫正门;北有神武门(玄武门);东面东华门;西为西华门。

故宫主要分为外朝和内廷两部分:外朝以太和、中和、保和三大殿为中心,文华、武英两殿为两翼;内廷有乾清宫、交泰殿、坤宁宫、御花园及两侧分列的东西六宫。外朝建筑高大森严,显示着皇权的至高无上;内廷建筑则庭院错落,自成体系,富于情趣。前朝后寝,分工明确。

故宫有哪些重要建筑

故宫的建筑风格和布局,体现中华民族的独特风韵。其中轴布局,前朝后廷,是它的主要特色。

故宫里的殿阁恢宏,大得惊人,内有数量众多的各种宫室,游览故宫的人,必须做好体力上的准备。曾有人做过这样的比喻,一个孩子若在故宫里出世,从出生开始依次在故宫的宫室中住宿,每个宫室住一夜,等他将所有宫室都住遍时,已是一位27岁的青年人了。大部分游人参观完故宫后,都承认自己没有看到故宫的全部,因为置身浩大的宫中,实在数不清究竟有多少宫室。一般游故宫的人,因体力和时间的限制,所参观的只是故宫的主要建筑。

故宫里最吸引人的建筑是三座大殿:太和殿、中和殿和保和殿。它们都建在汉白玉砌成的8米高的台基上,远望犹如神话中的琼宫仙阙。

太和殿

太和殿是故宫内最能体现中国帝制权力的象征,是故宫最富丽堂皇的建筑,俗称"金銮殿"。它不仅面积是故宫诸殿中最大的一座,而且形制也是最高规格的。连同台基通高35.05米,面阔11间,进深5间,建筑面积达2377平方米,殿高28米,东西63米,南北35米,有直径达1米的大柱92根,其中6根围绕御座的是蟠龙柱,每根柱上用沥粉贴金工艺绘出一条巨龙,腾云驾雾,神采飞动。整座殿堂显得庄严肃穆、富丽堂皇。御座在一种称作金砖的质地坚细的方砖墁地上,前有造型美观的仙鹤、炉、鼎,后面有精雕细刻的围屏。门窗上部嵌成菱花格纹,下部浮雕云龙图案。这里是明清皇帝举行大典的地方,比如皇帝即位仪式、皇帝大婚、册立皇后、皇帝生日庆典、皇帝指派的大将出征,以及元旦、冬至等在中国农历上比较重要的节气的庆祝活动都在太和殿举行。皇帝在此接受文武官员的朝贺,并向王公大臣赐宴。清初,还曾在太和殿举行新进士的殿试,乾隆五十四年(1789年)始,殿试改在保和殿举行,殿试以后由皇帝宣布登第进士名次的典礼"传胪",仍在太和殿举行。

每逢有重要庆典活动,殿内珐琅仙鹤上点燃蜡烛,香亭和香炉烧燃檀香,露台上的铜炉、龟、鹤中点燃松柏枝。殿前两侧廊下排列乐队,从露台至天安门的路两旁排列各种仪仗队。殿内外香烟缭绕,全场肃立无声。待皇帝登上宝座时,鼓乐齐鸣,文武大臣按品级排满广场,三叩九拜,山呼万岁。其壮观场面,显示出皇帝的无上权威和尊严。

太和殿不仅是故宫中最大最主要的建筑,也是我国历史上最大、最壮丽的木结构大殿。

中和殿

中和殿在太和殿后面,是一座尖顶的方形殿,殿中央最高处安装着镀金的圆形宝顶,仿佛巨大的宝珠。殿内设有宝座,每当皇帝去太和殿参加大典前,先在这里稍作停留,接受内阁大臣和礼部官员行礼,然后进太和殿举行仪式。当皇帝去天坛祭祀之前,要先来这里阅读祭文;去祭先农坛前,也要到这里检查种子、农具等备耕仪式所用物品的准备情况,以表示皇帝关心农事。

中和殿中现陈列的两顶轿子,是皇帝在宫内乘坐用的。

中和殿名字中所取的"中和"二字,意思是宣扬封建主义的"中庸之道",倡导凡事做到不偏不倚,恰如其分,以使各方关系得到协和调顺。

保和殿

保和殿在中和殿后。中和殿的意思是"志不外驰,恬神守志",就是说神志得专一,以保持宇内的和谐,才能福寿安康,天下太平。保和殿建于明永乐十八年(1420年),乾隆时重修。殿内设有宝座,在明清时期,每当除夕和元宵节,皇帝都在这里宴请王公大臣。清乾隆后期,把三年一次的殿试(考试),由太和殿移至这里。金殿对策,决定千万士子的命运。

中国封建科举制度主要分三级考试,即乡试、会试、殿试。殿试是最高一级考试,由皇帝出试题,文章写得合乎皇帝心意,书法也好,才能录取。金榜题名后,即可封官为封建帝王服务。封建社会的科举制度,是封建统治者选拔官吏的主要形式。

三大殿西侧武英殿曾是皇帝接见大臣之处,也是文人学者编写、出版书籍的地方,《四库全书》和《古今图书集成》等巨著,就是在这里完成的。

富有生活气息的内廷

故宫建筑的后半部叫内廷,以乾清宫、交泰殿、坤宁宫为中心,东西两翼有东六宫和西六宫,是皇帝平日办事和他的后妃居住生活的地方。后半部在建筑风格上同于前半部,但建筑形象略有差异。前半部建筑形象是严肃、庄严、壮丽、雄伟,象征皇帝的至高无上;后半部内廷则富有生活气息,建筑多是自成院落,有花园、书斋、馆榭、山石等。在坤宁宫北面的是御花园,里面有高耸的松柏、珍贵的花木、山石和亭阁。其中名为万春亭和千秋亭的两座亭子,可以说是目前保存的古亭中最华丽的了。

乾清宫

明代的 14 位皇帝和清代的顺治、康熙两位皇帝,都以乾清宫为寝宫。他们在这里居住并处理日常政务。皇帝读书学习、批阅奏章、召见官员、接见外国使节以及举行内廷典礼和家宴,也都在这里进行。

乾清宫正殿悬挂着"正大光明"巨匾,这四个大字是清代顺治御笔亲书的。封建统治者表面上标榜正大光明,暗地里却钩心斗角,皇子之间夺取皇位的斗争相当激烈。自雍正朝开始,为了缓和这种矛盾,雍正皇帝采取了秘密建储的办法,即皇帝生前不公开立皇太子,而秘密写定皇位继承人的文书,一式两份,一份放在皇帝身边,一份封在"建储匣",两份一同验看,由被秘密指定的继承人来即皇位。到了清代后期,由于咸丰皇帝只有一个儿子,同治和光绪皇帝没有儿子,这种办法也就无须使用了。

乾清宫正殿

在乾清宫曾经举行过两次千叟宴:一次在康熙六十一年(1722年),一次在乾隆五十年(1785年)。第二次规模最大,年龄在60岁以上的3000多有关人员都参加了乾隆皇帝举办的宴会,其中大臣、官吏、军士、民人、匠艺等各种人都有。当时乾隆皇帝还让一品大臣和年龄90岁以上的人到御座前赐酒,并赐予每人以拐杖及其他物品。宴会上联句赋诗,共和诗3400多首,显示"普天同庆,共享升平",以安抚民心。

在清代,乾清宫还是皇帝死后停放灵柩的地方,不论皇帝死在什么地方,都要先把他的灵柩(也叫梓宫)运到乾清宫停放几天。顺治皇帝死在养心殿,康熙皇帝死在畅春园,雍正皇帝死在圆明园,咸丰皇帝死在避暑山庄,都曾把他们的灵柩运回乾清宫,按照规定的仪式祭奠以后,再停到景山寿皇殿等处,最后选定日期正式出殡,葬入河北省遵化县的清东陵或易县的清西陵。

坤宁宫

在明代,坤宁宫是皇后的寝宫,面阔九间,原来是正面中间开门,有东、西暖阁。李自成农民起义军打进北京时,崇祯皇帝的皇后周氏就是在坤宁宫自缢身亡的。

清代,除东西两头的两间通道外,按满族的习俗把坤宁宫西端四间改造为祭神的场所。从东数第三间开门,并改成两扇对开的门。进门对面设大锅三口,为祭神煮肉用。每天早晚都有祭神活动,但到大祭的日子和每月初一、十五,皇帝、皇后就会亲自祭神。

每逢大的庆典和元旦,皇后还要在这里举行庆贺礼。在清代,坤宁宫的东端二间是皇帝大婚时的洞房。房内墙壁饰以红漆,顶棚高悬双喜宫灯。洞房有东、西二门,西门里和东门外的木影壁内外,都饰以金漆双喜大字,有出门见喜之意。洞房西北角设龙凤喜床,床铺前挂的帐子和床铺上放的被子,都是江南精工织绣,上面各绣神态各异的 100 个顽童,称作"百子帐"或"百子被",五彩缤纷、鲜艳夺目。皇帝大婚时要在这里住两天,之后再另住其他宫殿。如果先结婚后当皇帝,就不能享受这种待遇了。所以清代只有年幼登基的同治、光绪两个皇帝用过这个洞房。

皇帝大婚极为豪华,挥霍十分惊人。同治十一年(1872 年),同治皇帝载淳大婚,共耗费白银 1100 万两;光绪十五年(1889 年),光绪皇帝载湉大婚,在国家极为贫困的条件下,仍然耗费白银 550 万两。现在洞房内的装修和陈设,是光绪皇帝大婚时布置的原状。

交泰殿

交泰殿是明清时为皇后办寿庆等活动的地方。清乾隆时,代表皇权的二十五颗宝玺收藏在这里,宝印由内阁掌管,颁发重要文告时使用。东六宫是众多嫔妃居住的地方。西六宫有养心殿、储秀宫等,还有供老太妃老太后以及前朝遗留下来的年轻嫔妃等一群寡妇居住的地方。这里的佛殿经堂很讲究,让她们在这里称心享乐,再修来世之福,实际上这里就是囚禁她们终生的牢笼。

故宫中的主要陈列

1911 年,辛亥革命推翻了清朝统治,结束了中国两千多年的封建王朝。1924 年 11 月,国民军冯玉祥部下把早已被赶下台,但仍在故宫内廷住了 13 年之久的末代皇帝溥仪赶出了紫禁城,使紫禁城不再仅仅为皇帝所有。1925 年,紫禁城被正式辟为故宫博物院。

1949 年,新中国成立后,党和政府对这座古代建筑进行了大规模的修整,并整理展出了宫中所藏的文物珍品。这些文物品类繁多,极其珍贵,归纳起来,主要有以下几种:

宫廷历史遗迹陈列

宫廷历史遗迹陈列主要集中在前三殿(太和殿、保和殿、中和殿)、后三宫(乾清宫、交泰殿、坤宁宫)、养心殿及西六宫(储秀宫、永寿殿、翊坤宫、长春宫、咸福宫、启祥殿)中。

历史遗迹陈列,多集中在故宫主要的宫殿内,保留明清两代皇帝在宫内的布局陈设,如太和殿内,设于大殿中央的地平台,用上好楠木雕刻而成。皇帝的御座"九龙宝座"设于平台正中,宝座上九条金龙昂首傲视,极为精美。殿中用铜胎珐琅镶嵌料石制成的"宝象"身驮宝瓶,瓶内盛有五谷,含有五谷丰登、太平景象的喻意。殿中的一对景泰蓝的仙鹤,喻长寿之意,也就是希望皇帝的江山社稷永世长存。此外,表明皇帝圣明的"角端"、寓意国泰民安的"盘龙香亭",及鼎式香炉等,都是当年的陈设。

青铜器、陶瓷、明清工艺美术陈列

青铜器、陶瓷、明清工艺美术陈列主要集中在斋宫和东六宫。

东六宫主要指钟粹、景阳、承乾、永和、景仁和延禧六宫,这里原来是明、清两代后妃们居住的地方,现在辟为我国古代文物陈列馆。

陶瓷馆设在承乾宫和永和宫。展出故宫收藏的自原始社会以来的历代精美陶瓷制品。

青铜器馆设于景仁宫、诚肃殿和斋宫。展出我国从商周到两汉时期的各类青铜艺术珍品。

文房四宝馆在钟粹宫内。展出的是我国历代的纸、砚、笔、墨等文化用品。著名的"湖笔"、"徽墨"、"宣纸"和"端砚",这里都有收藏。

明清工艺美术馆设在景阳宫里,展品丰富,有各种制作精美、名贵的漆器、玉器、玻璃器、珐琅器、金属器,等等,充分反映了明清两代成就卓著的工艺美术发展水平。

历代艺术陈列

故宫中的历代艺术馆由三个展室组成。

第一展室设于保和殿内,陈列了从原始社会到春秋奴隶社会演变时期的大量石器、骨器、蚌器、陶器等原始状况的艺术品和体现"青铜文化"的各种青铜器。

第二展室位于保和殿东庑房,陈列了从战国时期到宋代的艺术品,其中秦始皇陵兵马俑,湖南马王堆一号汉墓出土的金缕玉衣、矩纹起毛锦,敦煌莫高窟、大同云冈、洛阳龙门等石窟造像,唐三彩、钧瓷等,堪称艺术珍品。

第三展室设在保和殿西庑房内,展示了元、明、清三个朝代的文化艺术珍品,主要有赵孟頫、黄公望等人的书画真品;景泰蓝;铁画等。

故宫珍宝馆

故宫的珍宝馆分三个展室,展出清代宫中各种奇珍异宝、金银珠翠,吸引了许多慕名而来的游客。

第一展室设在养心殿。这里展出的珍宝有黄帝出行时使用的金罐、金提炉;有皇帝使用过的金银餐具、茶具和专供皇帝把玩的各种如意。此外,还有乾隆皇帝为存放母后生前梳落的头发而特制的金发塔等。

第二展室设在乐寿堂。这里展出的珍宝有用来祝寿的用整块玉石雕琢而成的"福海"、"寿山",有乾隆皇帝所用的盔甲、龙袍和皇后大典时戴的凤冠等。另外,这个展室展出的象牙席,是用象牙劈成一根根牙片编织而成的,是一件稀世珍品。

第三展室设在颐和轩,这里原是乾隆皇帝看书游玩的地方。现今陈列有皇帝喜欢的各种玉器、古玩。所陈列的玉石仙台是慈禧60岁生日收到的礼物,贪官污吏为向主子献媚,用玉石作仙人,玛瑙、水晶、珊瑚、孔雀石等珍贵材料作景物,耗资难以计算。天球仪则以黄金作球体,用珍珠镶嵌成星座,是珍贵的玩赏品。

人们从珍宝馆所收藏的众多珍品中,不仅看到了封建帝王的骄奢淫逸,同时也看到了我国劳动人民高超的艺术造诣。

钟表馆

设在故宫里景运门内奉先殿的钟表馆,因其展出的18世纪中外制造的200多种钟表而驰名。所展钟表有"国货"、"洋货"之分。"洋货"大多为各国所赠送。这些有200多年历史的钟表至今仍可很好地走时,钟表上的各种装置仍能作出种种表演,具有很高的艺术欣赏价值,也是为游客所喜欢的一个展室。

清宫玩具陈列室

这是特别吸引孩子的一个展室。设在坤宁门内东板房里。所展玩具也多为18世纪外国人所赠送,展出的八音盒、鸟音笼、猎人吸烟、变魔术、松鼠偷葡萄等,至今机械性能良好,动作、音响如昨。

故宫为何又叫紫禁城

故宫是 1925 年以后的称谓,原来一直叫紫禁城。为什么称皇家宫殿为紫禁城呢?

从星相学上讲,紫禁城的"紫"是指紫微星垣,我国古代天文学家将天上的星宿分为三垣、二十八宿和其他星座。三垣指太微垣、紫微垣和天市垣。紫微垣是中垣,又称紫微宫、紫宫。它在北斗星的东北方,古人认为那是天帝居住的地方。封建皇帝自称是天帝的儿子,而他们所居住的皇宫,被比喻为天上的紫宫。他们更希望自己身居紫宫,可以施政以德,四方归化,八面来朝,达到江山永固,以维护长期统治的目的。

明、清两代的皇帝,出于维护他们自己的权威和尊严以及自身的安全的需要,所修建的皇宫,既富丽堂皇,又森严壁垒,并围以 10 米多高的城墙和 52 米宽的护城河,而且哨岗林立,戒备森严。明、清王朝的皇帝及其眷属居住的皇宫,除了为他们服务的宫女、太监、侍卫之外,只有被召见的官员以及被特许的人员才能进入,这里是外人不能逾越雷池一步的地方。因此,明、清两代的皇宫,既喻为紫宫,又是禁地,故旧称紫禁城。

实际上,紫禁城不是城,只是皇宫的代名词而已。

故宫究竟是谁设计的

故宫,以其完美的造型,至高无上的荣誉,而为全世界所熟悉。究竟是谁设计了这座永垂史册的经典建筑呢?

这是个不大不小的问题,而且是个历史谜团,曾经有不少人考察过。因为故宫在建筑时没有像现代建筑那样,明确地刻上此建筑建于何年、何人设计、何人主持施工,等等。

最近,随着若干珍贵史料的发掘和公开,故宫设计者蒯祥的名字开始真正为世人所了解。

今天苏州吴县市胥口镇的渔帆村,就是一代建筑宗师蒯祥的故里。

这里南望浩渺的东太湖，背倚青葱的渔洋山，正所谓人杰地灵。至今渔帆村仍有许多蒯祥的后裔。蒯祥墓附设石兽、山门、纪念馆等建筑，庄严而肃穆。

从蒯祥墓碑铭可知，蒯祥为吴县香山人（即今胥口镇），生于1398年，卒于1481年，字廷瑞，是北京故宫、五府六部衙署、长陵等建筑的营造者。

蒯祥的出生地香山一带是有名的工匠集中地，人称香山帮，曾经为皇家建筑和江南的世俗及宗教建筑活动做出过不小的贡献。

明朝初年，朱元璋征召20多万民伕营建南京城，少年蒯祥很可能也参加了南京城的营建工作，这为他后来设计故宫积累了经验。

蒯祥参与设计故宫是历史的机遇。永乐十五年（1417年），朱棣决定营建北京，从江苏征募了大批能工巧匠前往。蒯祥不到40岁，正当壮年，技艺高超，因而被任命为"营缮所丞"，相当于今天的设计师兼工程师和施工员。

蒯祥设计了三大殿、天安门等一批重要的皇宫建筑，一时声誉鹊起，皇帝也常以"活鲁班"称赞他。据史料记载：蒯祥不仅技艺高超，而且对皇帝的意思领会颇深，因而深得皇帝器重，后来升任工程部侍郎，食从一品俸。

蒯祥曾读过几年私塾，有一定的文化修养，而他的技艺更是了得，木匠、泥匠、石匠、漆匠、竹匠五匠全能。在吴县，关于蒯祥的民间传说很多，其中心总离不了蒯祥是如何的鬼斧神工。

在南京博物院藏《明宫城图》，还十分难得地保留了蒯祥的画像。他一副红袍官人打扮，身后是富丽的紫禁城建筑。该画一共有两幅，另一幅藏于北京故宫，像旁有"工部侍郎蒯祥"字样。历史学家顾颉刚考证说，有题字的画是献给皇帝的，不题字的画是留给子孙的。有人由此断定，蒯祥就是故宫的总设计师。

不过，也有人提出蒯祥是故宫的设计者这个说法不确切，认为蒯祥只是故宫的施工主持人，故宫真正的设计者应该是名不见经传的蔡信。

因为永乐十五年(1417年)，紫禁城宫殿开始进入大规模施工高潮时，蒯祥才随朱棣从南京来到北京，开始主持宫殿的施工。

与蔡信同时负责故宫工程的还有瓦匠出身的杨青、石匠出身的陆祥，其后有木匠蒯祥、郭文英、徐果。可见，故宫应该是集中了一大批能工巧匠的智慧的结晶，而蒯祥无疑是其中杰出的代表。

故宫为何用红墙黄瓦

黄天厚土、黄道吉日、黄钟大吕、黄袍加身……华夏民族世代栖居黄土高原，对供给他们衣食住行的黄土大地，有一种特别崇仰和依恋的感情，所以黄土之色理所当然地受到了独特的崇奉。

但从唐代开始，黄色就已被规定为代表皇室的色彩，其他任何人都不许在服饰上使用。到宋代，封建帝王的皇宫开始采用黄琉璃瓦顶。至明、清两代，更是明文规定，只有皇帝的宫殿、陵墓及奉旨兴建的坛庙等，才准许使用黄琉璃瓦，其他建筑一概不得擅用，否则就是"犯上"，要处极刑。

故宫里的鎏金香炉

红色，是代表着吉祥、喜庆的色彩，更是为中华民族所尊崇，据说早在一万多年以前，我们的祖先山顶洞人就喜欢用红色来装饰自己的住处，同时红色也有避邪之用。为显示帝王的尊贵富有，从周代开始，宫殿建筑普遍采用红色，并一直延传下来。

故宫是封建最高统治者居住之所，为处处显示出皇帝的"至高无上"和"尊贵富有"，因而绝大多数建筑都采用红墙黄瓦。但是有些人会发现故宫有两处违反这种规定的地方：东华门内文华殿后面的文渊阁主要用的是黑琉璃瓦，南三所则用的是绿琉璃瓦。这究竟是怎么回事呢？

原来文渊阁在明朝灭亡之际，遭受火劫，坍塌湮没。乾隆三十五年（1774年），乾隆为珍藏《四库全书》，便仿浙江天一阁重建文渊阁。因为此阁为藏书之所，书最怕火，而封建迷信认为黑色代表水，所以采用黑瓦，含有以水压火之意。而南三所为清代皇子们的居住所在，根据当时的规定，亲王、郡王等大臣们的住宅，只能用绿瓦盖顶。至于无官衔的百姓住宅，均采用一般黑色瓦顶，足见等级之森严。

故宫为什么绝少古树

故宫在修建的同时移栽了大量松柏，而清代一次未成功的农民起义，吓坏了皇帝，树木因此被砍去。

1812年，宛平宋家庄（今大兴县芦城乡宋家庄）人林清，参加了反清秘密组织——八卦教。为推翻清朝政府，各省八卦教教主在河南秘密聚会，推选林清做总教主，并将八卦教分为南北两支，分别由林清和李文指挥，举行起义，北支由林清指挥直捣紫禁城，南支北上支持。但南支起义军因打造兵器泄密，迫不得已提前起义，结果遭到失败。林清未得到消息，仍按原约定起义。

1812年9月15日，林清率起义军化装成小贩，纷纷奔向故宫的几个城门,正午时刻,起义军亮出武器,高举起义大旗,嘶喊拼杀。东路起义军受阻,西路起义军攻下西华门,杀到隆宗门。隆宗门大门关闭,起义军见宫墙两边树木参天,有的爬上大树,跨越围墙,直扑养心殿;有的砍折树枝,准备火攻。后因京城守备大臣率兵赶来,起义军腹背受敌,损失惨重,起义以失败告终。

事后,嘉庆皇帝心有余悸惊呼:"从来未有事,竟出大清朝。"接着下令将故宫里的树砍掉,并且规定以后也不许再种植。所以,虽然与故宫近在咫尺的劳动人民文化宫和中山公园古树参天,郁郁苍苍,而故宫却很少绿色。

故宫的屋脊怪兽有什么讲

故宫里大小宫殿屋顶的正脊、垂脊、岔脊之上,蹲立着各种各样有趣的怪兽。这些怪兽造型精美,形态各异,其中有张牙舞爪、要把整条脊吞下去的"吞脊兽"。这种吞脊兽传说是龙的九个儿子中的老二,它喜欢铤而走险,爱在高空作业,鲁班就把它作为建筑物上的翘柱,立于屋顶。

故宫屋脊上的怪兽

龙的另外八个儿子也都不成器,都被打入凡间,有的成为石碑座子;有的被铸在钟钮上;有的被铸到各种烹饪鼎器上;有的被当做桥上的桥标;有的装饰在杀人的"鬼头刀"环上;有的成为香炉上的装饰品;有的被当做门上的龙头门环,等等。

总之,龙的九个儿子虽说相貌不同、性格不一、爱好各异、用场不同,但是基本上都达到"人尽其才,物尽其用"的目的。这老二"螭",就蹲在屋脊上,镇守着皇室宫廷的安全。

这皇家的屋脊真是太有讲究了,垂脊上有垂兽,在岔脊上有截兽,这些兽统称为"兽头"。在兽头前面,垂脊或脊的末端,常常排着一队小兽,由一个仙人领头,后面依次跟着鸱吻(音吃吻,龙的九子之一)、凤、狮子、天马、海马、狻猊、狎鱼、獬豸、斗牛、行什。因这些小兽都有前趋之势,所以又给它们起了非常有趣的名字叫"小跑"。

宫殿庙堂屋脊上安置着的这些怪兽,究竟有何用意?它们又象征着什么呢?

鸱吻,最喜欢四处眺望,常饰于屋檐上。凤,传说中为鸟中之王,"凤凰不与燕雀为群",象征至高无上的尊贵。狮子是由异域传入的兽中之王,"狮子作吼,群兽慑伏"。天马、海马都是古代神话中的一种吉祥动物的化身。狻猊,古籍记载它与狮子是同一猛兽,能食虎、豹,象征千山一统,百兽率从。狎鱼,是海中异兽,据说它是兴云作雨、灭火消灾的能手。獬豸,也是传说中的猛兽,善于辨别是非曲直,是皇家所谓"正大光明"、"清平公正"的象征。斗牛,是古代传说中的一种虬龙,也是一种除祸灭灾的吉祥动物。最后一个小兽的面部很像猴子,古代工匠称它为"行什",排行第十,是檐角的压尾兽。

总之,这一行小兽象征着皇家的尊贵和吉祥、威德和智慧,也具有震慑妖魔、清除灾祸的含义。古人把建筑装饰上这些走兽,使古建筑更加雄伟壮观,富丽堂皇,充满艺术魅力。

故宫冬天怎样取暖

在没有煤气和电气的时代,占地70多万平方米的紫禁城,如何取暖,这是一个令人困惑不解的谜。

其实,故宫设计者对取暖是有充分考虑的,一是利用天然的光照,所以故宫的建筑大都坐北朝南。此外,高大的宫墙、厚厚的墙壁和屋顶、严实的门窗,都可以有效抵挡寒冬的侵袭。

即使如此,如果没有其他的取暖设备,寒冷的冬天也是难熬的。故宫的取暖设施非常先进,拿现在的说法是非常天然环保,那就是充分利用北方火炕和地暖,在三大殿以及皇帝、后妃所居住的寝宫的地面下都挖有火道,设有烧炭的大炉子。添火的门设在殿外廊子下,是两个一人多深的炕洞——这就是有名的暖阁结构。这种既有暖阁又有暖炕的屋里,冬天温暖如春,绝不比暖气或空调的现代化房屋逊色。

除了暖阁、暖炕外,室内还设有火炉,又叫火盆,或叫熏笼。这种火盆或熏笼既有实用功用,也有欣赏作用,特别是熏笼,制作十分精美,分为盆和笼两部分。大的熏笼重达数百斤,高1米多,或3足,或4足,有的青铜鎏金,有的嵌丝珐琅,十分华贵。为确保安全,炭火盆外均加盖一种金属网罩,既实用又美观。如今在太和殿、中和殿、保和殿、乾清宫、坤宁宫等处,都陈列熏笼。

除火盆、熏笼外,还有一种小巧轻便的手提火炉,像西瓜那样大小,可以随手提动,非常方便。另外,还有放在脚下取暖的脚炉,用来暖手的手炉。当然,这只有皇帝、皇后及妃嫔们才有资格使用。

既然有那么多火道,却没有烟囱,烟火是从哪儿排出去的呢?原来故宫一切用火全部以木炭做燃料,这样既可保持环境不受烟熏污染,又可避免高大的烟囱影响整个建筑物的美观。所以皇宫内使用的木炭,都是经过反复精选的如筷子一般长短的上等木炭,敲之叮当作响。在漫长的冬季,每年宫内需用木炭数量达数十万、数百万斤之多,进贡木炭的车辆从全国各地源源不断地向皇宫运来。

故宫的"冷宫"在何处

在很多文学作品、戏剧小说中,凡忤逆了皇帝或当权皇后的王妃或皇子,大都遭到被打入冷宫的命运。冷宫真的存在吗? 它又在何处? 那些被冷宫囚禁的忧郁的灵魂们真的就毫无幽怨地离开这深深的紫禁城了吗? 还是久久徘徊其中不愿离开,欲向人们述说心中的怨恨?

后宫粉黛三千,却有几人欢颜? 在"宫中多怨女"的冰冷深宫里,多少年轻女子抱着满怀希望走进皇宫,大多迎来的是漫长的岁月、难耐的寂寞、毫无温暖的冷眼,更有甚者,一旦失宠,便在宫中禁室里等死,十分悲惨。

故宫里真的有专门的"冷宫"吗? 它又在哪里? 历来有两种说法,一说即是乾清宫、长春宫;一说"冷宫"无固定地址,凡是关禁王妃、皇子的地方,便俗称"冷宫"。

实际上,故宫内从无"冷宫"匾额,冷宫并不是某一处宫室的正式命名。根据一些文献记载,明、清时代被作为"冷宫"的地方有好几处,可见,第一种说法值得商榷,第二种说法比较可信。

明代景泰年间,少数民族也先将所俘获的英宗皇帝放还京师,好不容易坐上皇位的代宗害怕他哥哥英宗夺回皇位,便把英宗软禁在"南宫"。这个"冷宫"在今南池子南端。

明末天启年间,成妃李氏得罪了权势显赫的大太监魏忠贤,被魏忠贤由长春宫赶到御花园西面的乾西四所。先后被幽禁起来的,还有定妃、襄嫔、恪嫔三人，这个"冷宫"在故宫的西面。

清朝康熙的第二个儿子允礽被康熙立为皇太子，立了又废，废了又立，最后在康熙五十一年（1712年）被彻底废黜，并永远禁锢在咸安宫。咸安宫在紫禁城内西南部，紧靠武英殿，早已坍塌。

清朝有名的光绪皇帝的宠妃珍妃被慈禧害死之前，据说被囚在景祺阁北边北三所，这个地方就在今天珍妃井旁西边的山门里。如果这一出自太监之口的传闻属实，那么此地也算得一处"冷宫"。

皇家园林博物馆——颐和园

颐和园位于北京西北郊海淀区,距北京城区 15 千米,是利用昆明湖、万寿山为基址,以杭州西湖风景为蓝本,汲取江南园林的某些设计手法和意境而建成的一座大型天然山水园,也是保存得最完整的一座皇家行宫御苑,占地约 290 公顷。颐和园是我国现存规模最大,保存最完整的皇家园林,为中国四大名园(另三座为承德的避暑山庄,苏州的拙政园,苏州的留园)之一,被誉为皇家园林博物馆。它集中了中国园林建筑艺术之大成,在中外园林艺术史上地位显著。

沧桑不尽颐和园

颐和园地处北京西北郊外,距京城约 15 千米。前身是清漪园,始建于 1750 年清乾隆时期,1860 年清漪园被英法联军焚毁。1888 年,清廷挪用海军经费重建新园,作为慈禧太后的颐养之所,取意"颐养冲和",名为颐和园。

颐和园中湖水面积占全园面积的 3/4。景区内有各式宫殿、寺庙和园林 3000 多座,是中国现存最为完整、规模最大的皇家园林。颐和园主要由万寿山和昆明湖组成,大体分为三个区域:以仁寿殿为中心的勤政区,以乐寿堂、玉澜堂和宜芸馆为主体的生活区,由万寿山和昆明湖等组成的游览区。

仁寿殿是勤政区的主要建筑,乾隆皇帝在位时叫勤政殿,意思是不忘勤理政务。光绪十二年(1886 年)重修,改称仁寿殿,意思是施仁者长寿。清末,这里是慈禧太后和光绪皇帝坐朝听政、会见外宾的地方。仁寿殿西侧的乐寿堂是慈禧太后休息的地方,也是颐和园生活区的主要建筑。院内有几株玉兰花,是乾隆皇帝从南方移植过来敬献给母亲的。初春时节,玉兰花悄然绽放,晶莹洁白。

玉澜堂在仁寿殿西南,临湖而建,是一座环境幽雅的四合院式建筑。正殿玉澜堂坐北朝南,东配殿为霞芬室,西配殿为藕香榭。这组建筑初建于乾隆十五年(1750年),1860年被烧,1892年重建。1898年戊戌变法后,慈禧太后将光绪帝囚禁在玉澜堂。当时为防止光绪帝与外界接触,东、西、北三面均用砖墙阻隔,正南面由慈禧派亲信太监日夜监视。

游览区是颐和园的主体部分,也是全园的精华所在。其中,万寿山原名翁山,中国古代杰出的工匠在这座高不足60米的小山上修建了巨大的主体建筑群。从山脚的"云辉玉宇"牌楼,经排云殿、德辉殿、佛香阁,至顶部的智慧海,重廊复殿,层叠上升,气势磅礴。

排云殿曾是慈禧过生日时受朝拜的地方。四周有游廊和配殿,前院有水池和汉白玉砌成的金水桥。从远处望去,排云殿与牌楼、排云门、金水桥、二官门连成了层层升高的一条直线。这组建筑是颐和园最为壮观的建筑群体。

颐和园佛香阁

佛香阁是颐和园的中心，位于万寿山的最高点上，巍峨高耸的佛香阁八面三层，踞山面湖，周围建筑分布其间，形成众星捧月之势，气势非常宏伟。一层内供奉着一尊 5 米高的南无大慈大悲观世音菩萨铜胎鎏金站像。二层正中张挂着一幅万寿山昆明湖石碑拓片。站在佛香阁上鸟瞰昆明湖，整个水域，酷似寿桃之形，湖面上烟波浩渺，碧水粼粼，蜿蜒曲折的西堤犹如一条翠绿的飘带，与西湖的苏堤极为相似。

颐和园，自然山水为其框架，佛香阁为其主体，配以长堤、长桥、长廊等大尺度建筑，一派"移天缩地在君怀"的皇家气派。200 多年过去了，充满历史厚重感与沧桑感的颐和园在今天显得更加雄伟壮观、富丽恢弘。

为什么修建昆明湖

颐和园不仅是著名的古典园林，还是清代皇帝的行宫。它是乾隆皇帝为祝贺母亲钮钴禄氏的六十大寿而兴建的，名为清漪园。1886 年慈禧重修，取"颐养冲和"之意，改称颐和园。它跟玉泉山的静明园，香山的静宜园，以及畅春园、圆明园，合称为北京皇家的"三山五园"。

颐和园有山有水，山为万寿山，水为昆明湖，山清水秀，山水相映，宛若人间仙境。乾隆皇帝在《昆明湖泛舟》中写道："何处燕山最畅情，无双风月属昆明。"他认为昆明湖的风光应当是燕山一带风光之首。

昆明湖水面达 200 公顷，占颐和园总面积的 3/4。湖中有石舫、长堤和十七孔桥等胜景。游人泛舟湖上，放眼四望，水阔天空，西山峰峦叠翠，玉泉山塔影朦胧，犹如一幅多层次、多色彩的巨幅图画。

颐和园内这片广阔的水域，为何取名为"昆明湖"？它与云南省的昆明有什么联系？又与汉武帝开凿的西安昆明池有何关联呢？

其实，昆明湖最早不叫昆明湖，而叫瓮山泊；万寿山也不叫万寿山，而叫瓮山。那时西山一带泉水丰沛，因地势较低，所以水都汇集到这里，形成一片宽广的大湖，叫瓮山泊。

乾隆平定金川之乱时，为操练水兵，就把这片水域作为水上练兵场了。其实这个灵感是乾隆由当年汉武帝开凿昆明池而得来的。公元前122年，汉武帝派使臣打算由南路通使身毒国（今印度），使臣们到达今云南滇池附近被阻留。汉武帝准备用武力击破昆明各部落，打开一条通道。昆明部落人多居水中，擅长水战。于是，元狩三年（公元前120年），汉武帝利用西安上林苑一片洼地，开凿一个周围40里的水域，模拟昆明族人的滇池，用以操练水军，并取名"昆明池"，以示征战昆明的决心。乾隆当时欲平息南方的金川之乱，所以就效仿汉武帝，将瓮山泊扩充，并改称为"昆明湖"。他还在昆明湖中设战船数十艘，让香山健锐营到湖上操练水战，这为第二次金川之役取得胜利创造了条件。

　　当你荡漾在碧波粼粼的昆明湖上，当你漫步在十七孔桥上时，可曾想到这湖与千里之外的昆明滇池有着曲折的联系？可曾想象到这里曾是戈矛林立的练兵场地呢？

昆明湖上的十七孔桥

颐和园里的铜牛有何用

昆明湖畔有一个铜牛,与真牛大小相仿。它安卧于白石座上,双目炯炯,昂首远眺。你也许会问,寂静的湖畔设置铜牛有何用呢?

关于铜牛之谜,说法众多。有一种说法认为是为"镇水而设",因为铜牛背上铸有乾隆撰写的 80 字篆体铭文——《金牛铭》:

夏禹治河,铁牛传颂。义重安澜,后人景从。制寓刚戌,象取厚坤。蛟龙远避,讵数鼍鼋。潆此昆明,潴流万顷。金写神牛,用镇悠永。巴邱淮水,共贯同条。人称汉武,我慕唐尧。瑞应之符,逮于西海。敬兹降祥,乾隆乙亥。

根据这一说法,人们联想到大禹治水时,为防止河水泛滥,每治理一处,就铸一头铁牛沉入河底。所以后来人们便认为牛能镇水,这种说法便历代相传,但人们不再将所铸之牛沉入河底了,而是置于岸边。颐和园的铜牛由此而来。

颐和园里的铜牛

另有一种说法是为故宫防洪、考察水位而设。300多年前，每到雨季，北京西郊一带经常大雨成灾。而故宫的地基比昆明湖要低约10米，西郊一带水情如何，直接影响到故宫那里的水位情况。所以为了考察故宫的地下水位，就在昆明湖畔设置了铜牛，根据昆明湖水位与铜牛的差距，及时加高故宫围墙。万一昆明湖东堤决口，水到故宫处，也只能绕宫墙而走，皇宫仍可安然无恙。

还有一种说法颇为有趣，说铜牛是"牛郎"的象征，而昆明湖象征银河，昆明湖的西面又有织女图，象征织女，以此为由，认为铜牛是牛郎的象征。持这种看法的人认为乾隆开扩昆明湖是模仿汉武帝的昆明池而来。

当初，汉武帝在西安昆明池操练水军，还注意在周围制造良好的环境气氛，刻有"牛郎"、"织女"两尊石人，以池水喻为"银河"，又以"左牵牛右织女"的布局置于池的东西两岸。唐代大诗人杜甫来此凭吊，曾赋诗赞曰：

> 昆明池水汉时功，
> 武帝旌旗在眼中。
> 织女机丝虚月夜，
> 石鲸鳞甲动秋风。

到了宋代，昆明池水干涸，湮为田地，而"牛郎织女"石刻被保留下来，至今犹在。只是它们已有2100年的高龄了，因此西安斗门镇的人们不忍以"郎"、"女"相呼，而尊称为"石公"、"石婆"了。乾隆皇帝建昆明湖时，取其意境而不照搬外形，用大写意手法，再现斗门镇"牛郎织女"格局。站在高高的排云殿、佛香阁鸟瞰全景，"天河"两岸，"牛郎"、"织女"似乎正在乞望天帝的恩典，表现出帝王"垂万年之统，系四海之心"的思想。但这种说法到底是否属实，还有待考证。

颐和园不仅是著名的古典园林，还是清代皇帝的重要行宫。今天，它给予人们的,不只是美丽如画的风景,还有历史沉痛的追忆。

石舫铜亭的见证

1865 年,英法两国发动了侵略中国的第二次鸦片战争。1860 年 10 月 7 日,侵略军侵入清漪园,面对着这一大片皇家苑囿中的无数珍宝,两国侵略军开始了丧心病狂的掠夺。能抢走的就拼命抢劫,拿不走的就肆意破坏。

十天以后,侵略军焚烧了清漪园和其他园舍。瞬息之间,一片火海,二十天后还余烬未熄。这次浩劫,清漪园里除去少数石料建筑得以幸存外,剩下来的只有铜亭和铜牛了。

后来慈禧在清漪园的旧址上又进行重建,结果 1900 年八国联军侵入北京,清漪园再一次遭受浩劫。经历这次浩劫,整个园子已经遍体鳞伤。

1903 年,慈禧再次重修颐和园。但是,后山一带的建筑景物,再也没能恢复。因此,清末有人写诗说:

> 湖山不解兴亡恨,
>
> 偶向昆明话劫灰。
>
> 我到此园长太息,
>
> 石舫铜亭心历历。

我国最长的长廊

颐和园中美妙的景致数不胜数,其中,循万寿山南麓沿昆明湖北岸构筑的一条蜿蜒曲折的廊道,是我国园林中最长的廊道,而且它的长度和丰富的彩画在 20 世纪 90 年代就被收入了《吉尼斯世界纪录大全》。

长廊以颐和园建筑的最高点佛香阁脚下的排云殿为中心,呈东西走向,向两边延伸,南临昆明湖、北傍万寿山,蜿蜒曲折,以它的长与佛香阁的高遥相呼应。长廊全长 728 米,共 273 间,中间建有象征春、夏、秋、冬的"留佳"、"寄澜"、"秋水"、"清遥"四座八角重檐的亭子。沿廊而行,廊外湖光山色随步而移,令人目不暇接。廊内每根梁枋上都绘有精美的传统彩画,绘有人物典故、西湖美景、花鸟虫鱼14000多幅,体现了中国古代工匠杰出的创作技巧。当年乾隆和慈禧都曾派人到西湖写实,然后将其移绘到长廊栀上,现在长廊自邀月门内第一幅彩画"西湖全景"起,凡迎面横梁上前后都绘有不同的西湖美景。欣赏这些彩画,就如同翻阅一部记录沧海桑田的历史巨著,一幅包罗万象的风情画卷。

从建筑构造的角度来说,廊子本身并不十分复杂,应该说是构造最简单的一种建筑。尽管长廊本身的建筑构造很简单,但从颐和园园林总体设计来看,这道长廊却起到了连接山水的重要作用。万寿山南麓的斜坡直抵昆明湖边,这山水之间只剩下了一条狭长地带,最通常的方法就是修筑一条环湖路,上山下船都很方便。然而,这样做就违背了中国园林艺术讲究含蓄的造园手法。而这条雕梁画栋的长廊横贯于山水之间,南可远眺昆明湖光,北可遥望万寿山色。犹如山之彩屏,水之锦帐。因此,在设计长廊时,艺术大师们精巧的构思使自然山水与人文建筑浑然一体、巧妙融合,将中国造园艺术发挥到了极致,留下这令世人称奇的景观。

在长廊漫游,如同走进一座建筑别致的历史博物馆,你不仅能观赏到精妙的中国传统彩绘艺术,还能领略到中国数千年历史文化的精华。可是这如此壮丽的长廊是因何而建的呢?

相传,颐和园修建好以后,慈禧每年都有一大半的时间要在这里"颐养天年"。一开始,颐和园的江南景色对慈禧很有吸引力,然而时间一长,她就觉得什么都不新鲜了,尤其是她每天要从寝宫乐寿堂出来到湖边散步,起初在路上还看一看左边的水、右边的山,到后来竟厌烦得哪儿都不想看了。慈禧心想:一眼望去山水全在眼前,四季不变,没什么意思,如果在湖边建造点儿什么,让我走一步就看一个景色该多好。可是该建造点儿什么呢？她一时也没有头绪。

一天，慈禧心情烦闷，又要出去散步。当一行人走到万寿山下的南坡时，天上突然下起了雨，太监李莲英慌忙上前撑起雨伞，没想到，此时慈禧的脸竟由阴转晴了。李莲英正在纳闷，慈禧说话了："雨伞真好，不仅可以遮风挡雨，还让我看到了另外一番景致。"众人不解。回到寝宫后，慈禧立即召见了工匠，把自己的想法告诉了他。

不久，在万寿山的南坡与昆明湖之间出现了一条长长的走廊，这就是由慈禧授意修建的既能挡风遮雨，又可以欣赏一步一景的颐和园长廊。

中国的凡尔赛宫——圆明园

圆明园位于北京市西北部郊区,海淀区东部,由圆明园、长春园、绮春园三园组成,是清朝统治者在明代遗址故园的基础上,浚池引水、培植林木构筑的,充斥着亭榭楼台和宫墙楼宇的皇家宫苑。这座建设历程跨越150年的大型山水园林,陆地面积等同于一个紫禁城,水域面积抵得上整个颐和园。它见证了雍正、乾隆、嘉庆、道光和咸丰五朝皇帝常年的悠游享乐和处理国事政务的忙碌,最终以等同于紫禁城的气魄成为当时的又一处政治中心。

圆明园的兴建

圆明园的兴建始于康熙末年,在之后漫长的岁月里,数位帝王在园林建筑上倾注了极大的热忱,终于在这座浩荡广博,面积达到5200多亩的园林里,营造出了山高水长的园林盛景。大到上朝听政、祭祀宴会之所,小到蓬岛瑶台、江南春色等,五花八门的建筑形式都统统被帝王做了安排,融入规模宏大的山水布局。

比其父更喜爱江南山水的乾隆,在执政的60余年中,更是亲力亲为,倾注了大量心血,他把游览江南搜集而来的南方神秀统统拿到了园中进行实践。比如他主导的长春园,从他主政的第十年就开始建设,建造过程延续了近30年,终于大功告成,包括西洋楼景区在内,占地达到1000亩,其中光悬挂匾额的建筑就有200座,蔚为壮观。

在帝王心里,他们花费漫长时间经营的皇家园林,或许寄托着更深远的意境。它们应该是具体的,既集纳着中国传统宫廷的优点和特质,又有西化的风味和情趣。它还应该是生动的,既避免刻板呆滞的模仿,又流淌出真实细腻的古典韵律。因而,圆明园就以水为介,捕捉了天地自然的灵气,变得异常生动起来。我们不妨粗略地看一下,整个园林东西 2620 米,南北 1880 米,光水域面积就达到 40%。平地叠山理水,沼泽开挖成湖,山起西北,水归东南,终于形成湖水蜿蜒、假山叠嶂、溪流飞瀑的自由式布局。园区内所有的建筑,无论是宫殿楼宇还是亭台廊桥,无不依山傍水,自成天然。里面还点缀寺庙、宗祠、宅第、市肆、戏台、书院、山村和数不清的名花珍草等。园中还有不少从南方运回的巨石,从中可以窥视园林建设工程的浩瀚。据说当时运送这些巨石的时候,曾经有人撰文惊呼,说大清有移天缩地之力。今天漫步在这些硕大的巨石当中,心里仍旧会惊叹,恐怕只有清代的鼎盛国力,才能支撑起如此庞大的园林梦想。

圆明园夏季荷花池

圆明园的建筑在嘉庆十九年(1814 年)达到全盛规模。此前,雍正和乾隆已经常驻园中处理政务了,在嘉庆之后当政的道光和咸丰两位皇帝,平均每年大部分的时间也都是在这里度过的,圆明园毫无疑问地成为紫禁城之外全国最大的政治中心。为了便于生活,园林里陆续辟出了皇太后的园居之所和皇后的寝殿,而且还把所有处理政务的大臣搬迁到了这里办公。从后人复制的圆明园全景图上可以看出,帝王曾经在作为政务中心的长春园里,比照紫禁城设置了全面的行政机构。在西转角处设有户部、刑部、内务府、大理寺、武备院、护军西四旗的朝房,在东转角设置有内阁、吏部、礼部、兵部、国子监护军东四旗的朝房,它们成片连缀,连绵不绝。尽管无法从图中窥视建筑真实的气势,但是从上面凸显的山水廊檐来看,已经让人心神激荡。比如位于正大光明殿以南乾隆幼年读书处的长春仙馆,园林景群不下百处,都是罕见的建筑形式,而且因景随势,彼此绝对没有一处跟其他相同。

　　圆明园中最具特色的建筑群,就是借鉴西湖山色构筑的湖光山色,类似方壶胜景、汇芳书院和桥亭廊等,其中有些建筑就是构建于湖中的,通常是用汉白玉砌成的底座深入水中,上面构筑岛屿和长亭,人们可以随意扶栏观赏水景。穿越水面的曲廊将建筑连接起来,彼此相互辉映,又各自成景。园中所有的宫殿建筑,通常是三券式的,站在高处看,像波浪一样,层层铺卷。让人惊奇的是,有些水岸建筑之间,竟然还设计有水陆两用的木板盖桥,每当大型画舫通过的时候,中间盖板起吊就可,等船过去之后,盖板再放下,又成了可以通过行人的桥。

　　园区中当然还有独具匠心的花木配置,每个园区都是不同的,无论是藤萝垂架、牡丹梅花,还是梧桐杏花、玉兰竹林,几乎包容了所有秀色,仿佛一幅天然的国画。就连法国大作家雨果面对声名远播的东方圆明园,也只留下充满遗憾的想象文字,说它的美是无法形容的,可以跟月宫建筑媲美……

圆明园的主要景观

圆明园兴建于康熙末年,至雍正末年,园内风景群已开发至 3000 亩。乾隆年间,又在园内相继增建和改建多处景点。该园的主要园林风景群,有著名的"圆明园四十景",即:正大光明、勤政亲贤、九洲清晏、镂月开云、天然图画、碧桐书院、慈云普护、上下天光、杏花春馆、坦坦荡荡、茹古涵今、长春仙馆、万方安和、武陵春色、山高水长、月地云居、鸿慈永祜、汇芳书院、日天琳宇、澹泊宁静、映水兰香、水木明瑟、濂溪乐处、多稼如云、鱼跃鸢飞、北远山村、西峰秀色、四宜书屋、方壶胜境、澡身浴德、平湖秋月、蓬岛瑶台、接秀山房、别有洞天、夹境鸣琴、涵虚朗鉴、廓然大公、坐石临流、曲院风荷、洞天深处 40 处景观。当时悬挂匾额的主要园林建筑约达 600 座,实为古今中外皇家园林之冠。

长春园

始建于乾隆十年(1745 年)前后,主要建筑有:澹怀堂、含经堂、玉玲珑馆、思永斋、海岳开襟、得全阁、流香渚、法慧寺、宝相寺、爱山楼、转湘帆、丛芳树等。其后又相继建成茜园和小有天园。而该园东部诸景,如映清斋、如园、鉴园、狮子林,是乾隆三十一年(1766 年)至三十七年(1772年)大规模增建的,包括西洋楼景区。长春园共占地 1000 亩。悬挂匾额的园林建筑约为 200 座。

绮春园

原是恰亲王允祥的赐邸,后曾改赐大学士傅恒,至乾隆三十五年(1770 年)正式归入御园,定名绮春园。经大规模修缮和改建、增建之后,该园成为清帝园居的主要园林之一,至此,圆明三园达到全盛时期。绮春园有著名的三十景,其中比较著名的有敷春堂、清夏斋、涵秋馆、生冬室、四宜书屋、春泽斋、凤麟洲、蔚藻堂、中和堂、碧享、竹林院、喜雨山房、烟雨楼等近30处。自道光初年起,该园东路的敷春堂一带经改建后,作为奉养皇太后的地方;但园西路诸景,仍一直是道光、咸丰皇帝的园居范围。该园1860年被毁后,在同治年间试图重修时,改称万春园,后八国联军进京,又惨遭破坏。

圆明园绮春园

西洋楼

圆明园里原有一座非常精美的欧式园林建筑,俗称"西洋楼",由谐奇趣、线法桥、万花阵、养雀笼、方外观、海晏堂、远瀛观、大水法、观水法、线法山和线法墙等十余个建筑和庭园组成。于乾隆十二年(1747年)开始筹划,至二十四年(1759年)基本建成。由西方传教士郎世宁、蒋友仁、王致诚等设计指导,中国匠师建造。建筑形式是欧洲文艺复兴后期"巴洛克"风格,造园形式为"勒诺特"风格。但在造园和建筑装饰方面也吸取了我国不少传统手法。

西洋楼的主体建筑大水法,其实就是人工喷泉,数量多,气势大,构思奇特,主要形成谐奇趣、海晏堂和大水法三处大型喷泉群,颇具殊趣。

海晏堂

海晏堂是西洋楼最大的宫殿。主建筑正门向西,阶前有大型水池,池左右呈八字形排列有十二只兽面人身铜像(鼠、牛、虎、兔、龙、蛇、马、羊、猴、鸡、狗、猪,正是我国的十二个属相),每昼夜依次轮流喷水,各一时辰(2小时),正午时刻,十二生肖一齐喷水,俗称"水力钟"。这种用十二生肖铜像代替西方裸体雕像的精心设计,实在是洋为中用、中西结合的一件杰作。

大水法

大水法是西洋楼最壮观的喷泉。建筑造型为石龛式,酷似门洞。下边有一大型狮子头喷水,形成七层水帘。前下方为椭圆菊花式喷水池,池中心有一只铜梅花鹿,从鹿角喷水八道;两旁有十只铜狗,从口中喷出水柱,直射鹿身,溅起层层浪花,俗称"猎狗逐鹿"。大水法的左右前方,各有一座巨大的喷水塔,塔为方形,十三层,顶端喷出水柱,塔四周有八十八根铜管也都一齐喷水。据说这处喷泉若全部开放,有如山洪暴发,声闻里许,其壮观程度可想而知。

万花阵

万花阵是仿照欧洲的迷宫建成的花园。它的主要特点是:用四尺高的雕花砖墙分隔成若干道迷阵,因而称作"万花阵"。每当中秋之夜,皇帝坐在阵中心的圆亭里,宫女们手持黄色彩绸扎成的莲花灯,寻径飞跑,先到者便可领到皇帝的赏物,所以也叫黄花阵或黄花灯。虽然从入口到中心亭的直径距离不过30余米,但因为此阵易进难出,容易走入死胡同,清帝坐在高处,四望莲花灯东流西奔,引为乐事。

西洋楼景区,是我国仿建欧式园林的一次成功尝试,它的兴建,曾在欧洲引起强烈反响。一位目睹过它的西欧传教士赞誉西洋楼:集美景佳趣于一处,凡人们所能幻想到的、宏伟而奇特的喷泉应有尽有,其中最大者,可以与凡尔赛宫及圣克劳教堂的喷泉并驾齐驱。这位传教士的结论是:圆明园——中国的凡尔赛宫。

圆明园西洋楼景区万花阵遗址

宏大的博物宝库

圆明园作为清朝几代皇帝避暄听政的皇家园林,自然汇集了不计其数的奇珍异宝,这些珍宝,从帝后们生活的必需品如衣物、家具,到极其贵重的艺术品和装饰品,再到许多古代珍贵的文物,这其中很多都是稀世之宝,其价值无法估量。

无怪乎当年英法联军进入圆明园时被圆明园的奇珍异宝震惊了。据当年参与劫掠的一个法国炮兵队长回忆:"圆明园中堆积如山似的财宝和国内所有珍奇物品,一间一间的屋子充满着价值连城的物品,或系国产,或来自欧洲。一间一间的大厅,置有价值连城的瓶缸,还有储藏绸缎绣货的房子……"

一个英国军官这样描写他看到的珍宝:"最精美的碧玉项圈,上面镶着红宝石,天蓝色的宝石雕镂得很精致。"

一个英军秘书描写他看到的园中的陈设:"栏杆上面,每隔二三十码的地方,都放着美丽的景泰蓝花瓶,插着珊瑚、玛瑙、碧玉和其他宝石所仿制的花朵。玉器、书籍、毡毯、图画、景泰蓝物品等,你能想到的一切东西,这里都应有尽有。殿内两隅陈列着宽博而灿烂的碗盏,这些乃是应少校普罗宾的要求,以作为联军呈给维多利亚女王的贡品。周围的桌子和茶几上,摆着最精美的景泰蓝瓷器和珐琅质的瓶子和杯盏、镀金的和纯金的钟,有几个是法国制造的;还有很大的镜子,镶在贵重的框子里面。"

一个英军的随军牧师写道:"一箱箱的皮货、瓷器和绣花的衣鞋,皮货就是银鼠、黑貂、灰鼠、细骆驼绒。一种特别美丽的灰色皮子,上面带有很细微的卷曲的毛……我们似乎从来都未曾见过。"

"二尺来高的金菩萨,一箱箱黄色御用瓷器,这些杯子上镌着五爪龙纹,手工极其精细;奇特的灰色古代碎纹瓷器;绿玉和白玉制的龙纹;两个高高的瓷缸,涂着很浓厚的彩色,描绘着几幅连续追赶虎鹿的猎景。"

从这些描述中,不难看出圆明园简直就是一个宏大的博物宝库,里面充满着令人咂舌的金银器物、古玩珍奇、稀世瑰宝。只可惜,这些集天下宝贝之大成的皇家博物馆被英法联军抢的抢、砸的砸、烧的烧,"能烧的都烧了,只剩了一些石头",令人扼腕叹息。

历史真是无情,曾经的辉煌与华贵,都随岁月变成云烟,留给后人无尽的感叹与沉思。

圆明园大劫难

圆明园的华彩乐章在 19 世纪中后期落下帷幕。耽于享乐的晚清政府既没有守住国门,也没有守住自己寻欢享乐的居所。可惜这座享誉世界的万园之园,在外国的侵略下被毁于一旦。1860 年 8 月,英法联军以清政府曾将英法被俘人员囚禁在圆明园为借口,攻入北京。10月6日,英法联军绕经北京城东北郊直奔圆明园,对圆明园进行了纵情肆意的抢夺。他们为了抢夺财宝,互相殴打,甚至发生过械斗。侵略者除了大肆抢掠之外,被他们糟蹋的东西不计其数。当10月9日,法国军队暂时撤离圆明园时,这处秀丽园林已被毁坏得满目疮痍。10月18日、19日,三四千名英军对圆明园蓄意纵火,大火三昼夜不熄,全园化为一片火海。这座举世无双的园林杰作、中外罕见的艺术宝藏被侵略者付之一炬。

圆明园遗址

圆明园不仅是中国封建时代建筑的精华,而且也是当时世界上最闻名、最伟大的博物馆和艺术馆。圆明园被西方誉为“万园之园”,可以说是当之无愧的。正如一个侵略军军官所说:

在我们欧洲,没有任何东西能给予我们那样豪华的观念,在这几行文字中,要我描写它的华丽景象是不可能的。那些令人炫迷的奇迹,特别使我深刻难忘。

这样一处由中国劳动人民智慧和血汗凝结成的名园,却遭到了侵略联军的大肆抢劫和践踏。

　　而对这种世界性的疯狂掠夺,法国著名作家雨果满怀悲愤地写道:"有一天,两个强盗走进圆明园,一个抢了东西,一个放了火。仿佛战争得了胜利便可以从事抢劫了……在历史的面前,这两个强盗,一个叫法兰西,一个叫英吉利。"

　　同治年间(1862—1874年),同治帝准备修复圆明园供慈禧太后居住。当时拟修范围为20余处共3000多间殿宇,主要集中在圆明园前朝区、后湖区和西部、北部一带,以及万春园宫门区、敷春堂、清夏堂等处,但开工不到10个月因财力枯竭被迫停修。此后,慈禧太后虽然修了颐和园,但并未完全放弃修复圆明园,直至光绪二十二年(1896年)至二十四年(1898年),还曾修葺过圆明园双鹤斋、课农轩等景群。1900年,八国联军入侵北京烧杀掳掠,慈禧太后挟光绪皇帝逃奔西安。京都秩序大乱,八旗兵丁、土匪地痞趁火打劫,把园内残存及陆续基本修复的共近百座建筑物,皆拆抢一空,使圆明园的建筑和古树名木遭到彻底毁灭。清朝覆灭后,一些军阀、政客、官僚,纷纷从圆明园盗运建筑材料,圆明园遗址遭到进一步破坏。

　　圆明园被掠夺焚毁后,英、法代表逼迫留守北京的恭亲王奕訢,签订了中英、中法《北京条约》共计有15条。除了承认《大泽条约》完全有效之外,还规定开放大泽为通商口岸;准许中国人出洋做苦工;割九龙司为英国领地;赔偿英、法兵费各8万万两。至此,第二次鸦片战争结束,中国社会的半殖民地化程度大大加深。

　　新中国成立后,国家十分重视圆明园遗址的保护。1979年,圆明园遗址被列为北京市重点文物保护单位,成为爱国主义教育的重要基地。

　　今天的圆明园就像一面警钟,它时刻提醒着国人:不忘国耻,奋发图强!

塞外明珠——承德避暑山庄

200多年前,中国清朝的皇帝曾经在这里处理国家大事,会见少数民族首领,接待外国使节,这里曾经发生过许多足以影响中国历史进程的重大事件。虽然这一切已经在滚滚的历史长河中烟消云散,但这里却留下了庄严的宫殿、亭台楼阁、流水长堤,还有金碧辉煌的庙宇。它们记录着大清国一段拥有梦想与光荣的辉煌岁月。这里是距离北京230千米的承德,这里坐落着迄今为止世界上最大的皇家园林——承德避暑山庄。

避暑山庄一角

承德避暑山庄,俗称承德离宫,原名热河行宫,位于河北市区北半部,占地面积564万平方米。避暑山庄始建于清康熙四十二年(1703年),至清康熙五十二年(1713年)建成康熙三十六景与山庄城墙,雍正时暂停营建,清乾隆六年(1741年)至乾隆五十七年(1792年),又继续修建扩建,增加了乾隆三十六景和山庄外的外八庙。整个避暑山庄的营建历时近90年,建楼、台、殿、阁、轩、斋、亭、榭、庙、塔、廊、桥120余处,尤以康、乾御题七十二景著名于世(现已恢复56处),形成规模宏大、风格独特的皇家园林杰作,在中国古代园林建筑史上写下了辉煌的一笔。

避暑山庄的由来

探寻承德避暑山庄的由来,要从喀喇河屯行宫说起。喀喇河屯是蒙语,意为"黑城"、"乌城"。喀喇河屯位于滦河(古称濡水)和伊逊河(古称索头水)的两河汇合处,即今天的承德市滦河镇和承德钢铁集团有限公司一带。早在西汉时期,这里就是白檀城。元、金时期为大兴州管辖。顺治八年(1651年),顺治皇帝和多尔衮第一次巡幸塞外,驻跸喀喇河屯,这里壮丽的山川,丰美的水草,可耕可牧,引起他们的极大兴趣,决定修建喀喇河屯避暑城。多尔衮命户部加派直隶等九省加收地丁银249万余两,以备工程之用。多尔衮的计划还未实施,他就于当年十二月死于喀喇河屯。康熙十六年(1677年),喀喇河屯避暑城建成,这里便成了清朝的第二政治活动中心。

康熙四十二年(1703年)是康熙五十大寿,康熙驻跸于喀喇河屯,并在喀喇河屯修建清代在塞外敕建的第一座宏伟的寺院——穹览寺。康熙在《御制穹览寺碑文》中说:"朕避暑出塞,因其地土肥水甘,泉清峰秀,故驻跸于此,未尝不饮食倍加,精神爽健,所以鸠工此地,建离宫数十间……日理万机,未尝少缀,与宫中无异。万机偶暇,即穷经史性理诸书,临池挥翰,膳后较射观德,以安不忘危之念,此其大略也。"这处行宫以"小金山"为中心,沿滦河两岸建有秀野轩、逍遥楼、翠云堂及滦阳别墅等。在热河行宫建成前,康熙北巡、木兰秋狝均以此为据点。喀喇河屯行宫于1925年被军阀拆毁,现为中国北方钒钛基地——承德钢铁集团有限公司所在地。

康熙四十一年（1702年）闰六月十四日，康熙带着太后、诸子和王公大臣从喀喇河屯进驻热河下营（承德市大石庙镇庄头营子村一带），并从这里出发，为建行宫而勘察热河。他亲自访问"村老野父"，又亲自沿热河（武烈河）两岸巡视，看到清凉流水，万壑松涛，尤其是独擎云天的奇特山峰——磬锤峰，顿时感到热河上营（今承德市避暑山庄一带）是塞外难得的风水宝地。于是康熙决定在此建立热河行宫，他亲自设计方案，调集大批民夫和全国的能工巧匠，并于康熙四十二年七月（1703

康熙帝像

年9月）破土动工，先从疏浚湖泊和修筑湖中的"芝径云堤"着手，开始了修建热河行宫的浩大工程。康熙五十年（1711年），康熙皇帝亲笔为热河行宫正式题名"避暑山庄"，并撰写《避暑山庄记》。从破土动工到乾隆五十七年（1792年）松鹤斋内继德堂的翻修完成，避暑山庄建造共历时89年。

最美的理由

17世纪下半叶，清朝的康熙皇帝为了加强对北部边疆的管辖，实行每年一次北巡，与蒙古族王公贵族进行富有政治意义的狩猎活动，以联络感情。于是，在康熙四十二年（1703年），营建承德行宫，初步建成于康熙四十七年（1708年）。承德避暑山庄建成后，康熙皇帝每年都会在这里接见蒙古族的王公贵族，与他们在这里参加围猎、分封赏赐，有效地联络了民族感情。因此，避暑山庄成为大清帝国仅次于紫禁城的第二个政治军事活动中心。

　　康熙皇帝之后,乾隆皇帝又对承德避暑山庄进行了大规模扩建和改造,使庄内主要景观超过了 72 处,但为了不超过其祖父的 36 处,乾隆对其中的 36 处景观进行三字题名,共得 72 景,新扩建的避暑山庄也于乾隆五十五年(1790 年)完工。并借助自然和野趣的风景,形成了东南湖区、西北山区和东北草原的布局,构成了一个完整的避暑山庄。

　　保存至今的承德避暑山庄,宫墙长约 10 千米,形似长城。墙内是宫殿区,墙外是湖区、平原区和山区。宫殿区在山庄的南部,是清代皇帝处理政务、举行庆典、会见外国使臣和帝后居住的地方,包括正宫、松鹤斋、万壑松风、东宫四组宫殿建筑。宫殿区最南端的丽正门是山庄的正门,过了丽正门,再经阅射门就见"避暑山庄"四个大字高悬。这四个字由康熙皇帝亲笔书写。接着是重重院落组成的正宫,九间建筑,显示皇帝"身居九重"的地位。

　　在承德避暑山庄,"澹泊敬诚殿"是宫殿区的正殿,该殿名取自诸葛亮名句"非淡泊无以明志,非宁静无以致远"。澹泊敬诚殿面阔七间,进深三间,单檐歇山顶,布瓦顶,整个大殿的全部构件均用珍贵的楠木制成,古朴典雅,芳香浓郁。

　　如意岛是湖区中最大的一岛,坐落在整个湖区的最高点澄湖东岸,有延薰山馆、一片云、沧浪山岛等 12 个景点。湖区北部,即是平原区。这里有一片面积六七十公顷的平原,榆树茂密,牧草丛生,羊群出没,一派北国风光。另外,还有文津阁、万树园、永佑寺、千尺雪等建筑。

　　山区主要是以梨树见胜。松林峪是梨树峪的支峪,一眼望去,松林遍谷,山泉野涧流水汩汩不绝。两峪之间主要有"澄泉绕石"、"梨花伴月"、"四面云山"等景点。"澄泉绕石"可见亭下泉水不断从岩缝涌出。行至北山坡,又是一组布局严整的建筑群,门殿 3 楹,3 层殿阁,步步升高,四周回廊环抱,殿外有廊、廊外有殿,素瓦盖屋,周围遍植梨树,成为梨花伴月的胜景,让朴素淡雅的山村野趣呈现自然山水的本色。

土尔扈特东归

澹泊敬诚殿因上演过清代历史上最感人的一幕——乾隆接见万里东归的土尔扈特部的杰出领袖渥巴锡而闻名中外。

土尔扈特部蒙古族是 16 世纪居住在我国西北边疆地区的一支少数民族。17 世纪初,由于和准噶尔部不和,便西迁至沙俄尚未控制的荒凉的伏尔加河草原。在那里,他们虽然远离祖国,但始终保持着与祖国的联系。康熙五十一年(1712 年),康熙皇帝曾派侍读图理琛等,跋山涉水去伏尔加河探望土尔扈特部,土尔扈特部首领阿玉奇十分感激,表示念念不忘祖国。雍正九年(1731 年),他们曾派使者回祖国,请求去西藏拜见达赖喇嘛。乾隆二十一年(1756 年),阿玉奇的儿子又派使者假道俄国,冲破重重艰难险阻来承德朝见乾隆,呈献了贡品、方物、弓束箭袋等物。乾隆赐宴于热河行宫万树园,并派遣官员护送来使去西藏。

后来,沙俄势力扩展到伏尔加河,对土尔扈特部备加欺辱,不仅掠夺土尔扈特部的财物,还强迫他们当兵。更令人无法忍受的是,沙俄还强迫他们放弃自己的宗教信仰,改信他们的东正教,土尔扈特面临着灭族之灾。在生死存亡之际,年轻勇敢的头领渥巴锡决定带领族人东归。

1771 年 1 月 5 日,年仅 26 岁的渥巴锡毅然率领 33000 户,16900 人,启程回国。但东归的道路非常艰难,不仅有沙俄的围追堵截,还有哥萨克的犯难,当时就有 9000 人壮烈牺牲,他们当中无一人投降。疾病、饥饿也来折磨他们,人数日渐减少。面对艰难困苦,有的人丧失了返回祖国的信心。看到这种情况,渥巴锡立即召开会议,再次发出了“俄国是奴隶的国土,中国是希望的乐土。因此,让我们前进,向东! 再向东!”的豪迈誓言。最后,土尔扈特部终于突破重重险难,打败了俄国人的追击,返回到离开 140 多年的祖国。当他们到达新疆伊犁时,已经有一半人中途丧生。

　　土尔扈特部的归来,让乾隆皇帝大为感动,他自认为圣明之君,人心所向"。乾隆皇帝对此高度重视,亲自派大臣前去迎接,还指派重臣为土尔扈特部划分了游牧地区,运去了牛羊粮食,拨发了衣物帐篷。新疆、甘肃、陕西、宁夏及内蒙古等地人民也送去牛羊、米麦、茶、羊裘、棉布以及大量毛毡庐等,支援土尔扈特人民。

澹泊敬诚殿

　　乾隆三十六年(1771年)九月初八日,渥巴锡从伊犁赶到承德觐见乾隆,乾隆皇帝亲自用蒙古语同渥巴锡谈话。回到避暑山庄后,乾隆先在澹泊敬诚殿接见渥巴锡等人,然后请到四知书屋赐茶点。据记载,能享受这种规格礼遇的,仅有六世班禅及喀尔喀活佛等少数几人。同时,乾隆还多次在万树园和普仁寺设灯宴、观火戏,招待渥巴锡。之后,为渥巴锡等人封官加爵,大大褒奖,并把土尔扈特部东归的壮举刻在刚刚落成不久的普陀宗乘之庙的两块巨型石碑上,一块是《土尔扈特全部归顺记》,一块是《优恤土尔扈特部众记》。现在,当你踏进重檐殿山顶的庄严碑亭,看到的分列左右的两块稍小一点的石碑,就是《归顺碑》和《优恤碑》。

烟波致爽殿与北京政变

烟波致爽殿是康熙三十六景中的第一景,它的名称由来是因为该地"四围秀岭,十里澄湖,致有爽气"。每当夏雨初晴或秋风乍起的时候,这座宽敞的殿宇外面,纤尘不到,积雾全空,给人以旷然爽朗的感觉。康熙在《御制避暑山庄诗》里有一首吟咏烟波致爽殿的诗:

> 山庄频避暑,静默少喧哗。
>
> 北控远烟息,南临近壑嘉。
>
> 春归鱼出浪,秋敛雁横沙。
>
> 触目皆仙草,迎窗遍药花。
>
> 炎风昼致爽,绵雨夜方赊。
>
> 土厚登双谷,泉水剖翠瓜。
>
> 古人戍武备,今卒断鸣笳。
>
> 生理农商事,聚民至万家。

烟波致爽为人所知不仅因为其风景秀丽,还因为这里曾上演过一幕最令人惊悚的历史剧:

咸丰十年(1860年)9月,英法联军进犯北京。咸丰皇帝仓皇逃到热河,于9月30日住进离宫烟波致爽殿。当时贵妃叶赫那拉氏就住在西边的小院里。咸丰帝安排恭亲王奕䜣留守北京"督办和局",同英法和沙俄侵略者签订了丧权辱国的中英、中法、中俄《北京条约》,使中国丧失了大片领土和主权。1861年8月22日,咸丰帝在烟波致爽殿病逝。根据他的遗诏,他的6岁的儿子载淳(同治帝)在山庄即位,由怡亲王载垣、郑亲王端华、户部尚书肃顺等八大臣辅佐载淳。

烟波致爽殿内景

　　母以子贵,作为载淳的生母,叶赫那拉氏自然成为皇太后,与咸丰帝的皇后钮祜禄氏同为东、西太后,那拉氏为西太后,即慈禧太后,钮祜禄氏为东太后,即慈安太后。慈禧野心勃勃,对权力垂涎已久,这一点早被肃顺等八大臣看出,所以他们对她早有戒心,坚决反对她干预政事。

　　为排除异己,达到垂帘听政的目的,慈禧开始暗中谋划,召恭亲王奕䜣由北京赶赴热河。9月5日,奕䜣来到避暑山庄奔丧。就在山庄的离宫中,慈禧与奕䜣秘密商定了回北京发动政变的计划。11月1日(九月二十五日),慈禧在回到北京的第二天,就以同治的名义发布上谕,解除载垣、端华、肃顺等人的职务,并予以逮捕。11月8日(十月初六日),又下谕将肃顺斩首,令载垣、端华自尽,八大臣中另外五人处以革职或充军。通过这一系列的举动,慈禧终于夺取了她渴望已久的清王朝的最高权力。她当政的半个世纪,也是中国历史上最黑暗的时期。

承德外八庙

在承德避暑山庄东部和北部,环列着12座色彩绚丽、金碧辉煌的大型寺庙。这些寺庙建筑雄伟,风格各异,是汉、蒙、藏文化交融的典范。其中有八座寺庙因坐落在古北口外,被称为"外八庙"(即口外八庙之意)。久而久之,外八庙便成为这12座寺庙的代称。这外八庙分别为:普宁寺、普陀宗乘之庙、须弥福寿之庙、普乐寺、安远庙、普佑寺、溥仁寺、溥善寺。1994年12月,外八庙和避暑山庄一起被列为世界文化遗产。

外八庙中,除溥仁寺、溥善寺建于康熙年间,其余10座寺庙均建于乾隆年间。清朝兴建这些寺庙,是为了顺应蒙、藏等少数民族信奉喇嘛教的习俗,以达到清王朝"合内外之心,成巩固之业"的政治目的。

普陀宗乘之庙仿西藏布达拉宫修建,规模宏大、气势磅礴,是外八庙中占地面积最大的一座。寺内数十组红台和白台纵横交叉,错落有致。而最后一组大红台建筑,似耸立蓝天之中,台顶钻出镏金的万法归一殿顶,并衬出慈航普度和权衡三界亭的翼檐,整个寺庙的建筑形式和建筑艺术均为藏族手法,人称小布达拉宫。

普乐寺又称圆亭子,其主殿旭光阁,重檐圆顶,极似北京天坛祈年殿,内部供奉的"上乐王佛"俗称"欢喜佛",属藏传佛教的密宗范畴,较为罕见。

普宁寺前半部为伽兰式布局,后半部为曼荼罗式布局。主殿大乘之阁象征着须弥山,两侧有象征太阳和月亮的日殿与月殿。阁四周的黑、白、红、绿四色塔,代表着佛的四智。假山上的方形殿、月形殿和日形殿,代表着四大部洲,不同形状的十一个白台,代表着八小部洲,整个建筑融合了汉、藏和印度的艺术风格,构成以佛为主体的佛国世界形象。

山庄东北的安远庙,仿新疆伊犁河北的固尔札都纲式柱修建,因此又称伊犁庙。

须弥福寿之庙又称班禅行宫,是班禅来承德时居住和诵经传法之所,它取藏式建筑外观,仿西藏日喀则扎什伦布寺而建。内部布局则参用汉式风格。

须弥福寿之庙内供奉的上乐王佛

公元1778年,西藏政教首领六世班禅听说乾隆要举行七十寿典的消息后,准备进朝祝贺。作为宗教领袖,班禅在北方少数民族中的地位非常高。

为了处理好这"一人来朝而万众归心"的重大事件,取得蒙、藏民族的欢心,稳固边疆,乾隆想到了给班禅修建行宫。他把行宫的地址选在避暑山庄以北,普陀宗乘之庙以东的山坡上,模仿班禅在西藏日喀则的扎什伦布寺的形制,建造须弥福寿之庙,意思是"多福多寿,如意吉祥"。

1779年6月,班禅从西藏日喀则启程,率领高僧百余人,护送僧俗代表2000多人,历时1个多月到达避暑山庄。

令班禅没有想到的是,乾隆与班禅的对话大多使用藏语,因为乾隆在知道班禅要来贺寿时就开始学习藏语了,这让班禅深受感动。班禅在避暑山庄住了1个多月,在须弥福寿之庙中讲经和主持法会,皇室宗亲、蒙古王公等各族首领都来求班禅摩顶。班禅的到来,对于增进中国各少数民族间的团结,意义非凡。

外八庙的建筑手法,从侧面反映出当时清朝鼎盛时期的包容的心量,同时也体现着多民族融合的态势。

多伦会盟与木兰围场

在一幢俄式楼房的会议室里,中国大清政府的代表正在和俄国代表进行激烈的辩论,谈判每取得一点进展,都要经过极为艰难的斗争。终于双方达成了一致,在条约上签字,这就是著名的中俄《尼布楚条约》,条约中最重要的一条就是划定了中俄东段的边界。

消息很快就传回了北京。在紫禁城中焦急等待的清朝皇帝康熙知道,虽然这次的谈判取得了成功,而且勘定了边界,但沙俄帝国早晚还会骚扰中国的东北。他已经深深感到,沙俄绝对是威胁中国北部边防的最大隐患,但是有效的防线在哪里呢?

康熙把目光落在横亘在中国北方的万里长城上。

中国第一个皇帝秦始皇修建了这座举世闻名的伟大防御工事,此后汉、唐、宋、明几个朝代都耗费了巨大国力重新维修,但成吉思汗仍然越过长城,攻陷了大宋江山,大清国的先祖努尔哈赤也是引兵攻入长城最险峻的山海关,夺取了大明的天下。长城连北方的少数民族都无法防御,更不用说防御强大的沙俄帝国了。

《尼布楚条约》签订一年后的某天,驻守长城古北口的总兵官蔡元向康熙递交了一份奏折,奏折中写道:“古北口一带长城城墙倾塌甚多,请修长城。”蔡元的上书再次勾起了康熙的心事,沙俄帝国如果攻占了东北,长城能够挡住他们的步伐吗?

这一次,康熙帝没有同意蔡元重修长城的建议,因为他的心中一直谋划着另一个庞大的计划。

康熙帝是中国历史上在位时间最长的君主,他8岁登基,14岁亲政。此时的康熙帝,刚刚平定完南方拥兵自重、起兵造反的吴三桂,又把目光投向了北部疆土,这位亚洲最大版图的君主决心彻底巩固自己的北部边防。

蔡元上书的一年后,在蒙古的多伦诺尔草原的蒙古包中,举行了一次重要的会盟。

喀尔喀是蒙古一个很大的部落,由于内部纷争,处于四分五裂的状况,实现统一是人心所向。康熙来到蒙古草原上,抓住机会,分封各个蒙古贵族,把分裂的喀尔喀蒙古重新团结起来,并且接受大清政府的管理。

多伦会盟的成功让康熙明确了自己北部边防防御的方向,用剽悍凶猛的蒙古铁骑取代土木长城,以击碎沙俄帝国吞并北疆的狂野梦想,应该是一件妙不可言的快事。

事实上,早在10年前,康熙已经开始启动这个庞大的防御计划。

在长城以北,康熙圈定了位于蒙古高原上一处水草丰美的天然牧场,设置皇家狩猎的木兰围场,并派兵驻守。

每年秋天,康熙总是亲率皇子皇孙、王公大臣、八旗官兵、亲信侍卫数万大军,从古北口出塞,与北方来迎驾的蒙古王公合兵一处,浩浩荡荡开赴木兰围场,进行狩猎,史称"木兰秋狝"。在清代康熙到嘉庆的140多年里,在这里就举行木兰秋狝105次。清朝在沿岸修建了许多行宫,于是有了承德避暑山庄、外八庙。如今在青山绿野中仍有古朴典雅的七道碑,独特的庙宫合一的建筑——东庙宫,富有传奇色彩的练兵台、将军泡子。

木兰围场是满语、汉语的混称。木兰是满语"哨鹿"的意思。什么是哨鹿呢?每次打猎开始,先由管围大臣率领骑兵,按预先选定的范围,合围靠拢形成一个包围圈,并逐渐缩小。头戴鹿角面具的清兵,隐藏在圈内密林深处,吹起木制的长哨,模仿雄鹿求偶的声音,雌鹿闻声寻偶而来,雄鹿为夺偶而至,其他野兽则为食鹿而聚拢。等包围圈缩得不能再小了,野兽密集起来时,大臣就奏请皇上首射,皇子、皇孙随射,然后其他王公贵族骑射,最后是大规模的围射。承德避暑山庄博物馆内有一幅《乾隆木兰秋狝图》,生动地描绘了清代围猎的壮观情景。每次围猎,一般要进行二十几天。围猎结束以后,以张三营行宫举行盛大的庆功告别宴会,饮酒歌舞,摔跤比武,并宴请蒙古族王公,按军功大小,予以奖赏。

木兰围场声势浩大的围猎决不是单纯的皇家休闲娱乐活动,而是每年一度的大规模军事演习,数万大军的强大阵势,以及康熙帝高超的骑射本领,形成一种威慑,让北方的蒙古王公们不敢再怀有异心。

木兰围场

现在,木兰围场还保留着东庙宫、乾隆打虎洞和石刻、古长城说碑等十几处清代皇帝行围狩猎和北巡围场的文物古迹,以及点将名、将军泡子、十二座连营等古战场遗址。

天人合一的祭祀建筑——天坛

　　天坛位于北京城区的东南部,始建于明永乐十八年(1420年),是明清两代皇帝祭天和祈求五谷丰登的专用祭坛,也是现存的中国古代王朝等级最高、最完整、最有特色的坛庙建筑群之一。天坛占地面积约273万平方米,分为内坛和外坛两部分。坛墙南为方形,北为圆形,坛内最有代表性的建筑物是祭天的圜丘坛和祈谷的祈年殿。坛内遍植松柏,古树苍天,更烘托了天坛静谧的氛围,营造出"天人合一"的环境。

天坛的建筑特色

　　天坛以五大奇妙建筑而闻名中外:一为祈年殿,俗称无梁殿;二为回音壁;三为三音石;四为圆心石;五为圜丘坛,即祭天台。

　　天坛的主体建筑是祈年殿,始建于明永乐十八年(1420年),坐落在圆形的汉白玉台基上,台基分3层,高6米,每层都有雕花的汉白玉栏杆。祈年殿是有鎏金宝顶及三层檐亭式的尖顶圆形建筑,直径32米,高38米,殿顶共三重檐,上层为蓝色,代表上天;中层为黄色,代表君主;下层为绿色,代表臣民。乾隆年间修缮时将三层檐都改成蓝色琉璃瓦。祈年殿处处"象天法地",是古代"明堂"(中国古代帝王专用的一种礼制建筑)式建筑仅存的一例。大殿结构十分独特,不用大梁和长檩,檐顶以柱和枋桷承重,殿内中间的四根龙柱,高19.2米,象征四季;中层十二根金柱,象征十二个月;外层十二根柱,象征一天十二个时辰。加起来二十四根,象征二十四节令。三层相加二十八根,象征周天二十八星宿;加柱顶八根铜柱,代表三十六天罡;定顶下雷公柱,代表皇帝一统天下。殿内九龙藻井极其精致，富丽堂皇，而正中地面上的平面圆形大理石，有黑色纹理，自然形成龙和凤的花纹，俗称"龙凤呈祥石"。祈年殿前有东、西配殿各九间，称东庑和西庑，是收藏配神牌位的库房。大殿在清光绪十五年（1889年）被雷击起火焚毁，翌年重建，但基本建筑形式、结构，仍保留着明代的样子。

天坛祈年殿

非凡的坛庙布局

天坛布局可简单概括为"一三五七九"、"南方北圆"、"苍璧礼天"。一条轴线：是指连接圜丘、祈谷两坛的南北轴线；三道坛墙：是指内坛墙、外坛墙以及内坛中分隔圜丘坛和祈谷坛的隔墙（东西走向）；五组建筑：是指内坛中的圜丘坛、祈谷坛、斋宫，外坛里的神乐署和牺牲所；七星巨石（七峰东岳）：位于长廊（七十二连房）的东端，一说七星巨石象征北斗七星，可称"七峰东岳"；九座坛门：指内坛圜丘坛的泰元门、昭亨门、广利门、成贞门，内坛祈谷坛的东天门、西天门、北天门，外坛的圜丘坛门和祈谷坛门。"南方北圆"指内外坛墙均为南方北圆的形态，象征"天圆地方"；"苍璧礼天"，人类最初的祭天活动是在林中空地筑土为坛进行的。古人认为在这种环境中置坛祭天最神圣、最洁净。天坛中广植绿柏树来模拟古人祭天的环境。

天坛坛域由两重坛墙环护，外坛墙南北相距 1650 米，东西相距 1725 米。内坛墙南北相距 1243 米，东西相距 1046 米。中心称"内坛"，两坛墙之间的地段称"外坛"，主要入口设在外坛西侧。

祭祀建筑集中于内坛，分为南北两部分，南部是"圜丘坛"，北部是"祈谷坛"。南北两坛由一条长 360 米，高出地面的砖砌甬道——丹陛桥相连，组成长 1200 米的天坛建筑轴线。圜丘坛占地 44.66 公顷，由圜丘、棂星门、皇宫宇、神库神厨、宰牲亭组成，每年冬至日，在此举行祭天大典。祈谷坛占地 72.34 公顷，主体建筑有祈年殿、皇乾殿、神厨、宰牲亭、长廊，每年春季在这里举行祈谷大典，祈祷丰年。

天坛鸟瞰图

内坛西天门内偏南位置建有一城壕环绕的宫城,名"斋宫",是皇帝祭祀前"斋戒"期间居住的宫室,内有无梁殿、寝殿、钟楼等建筑,占地 4 公顷。无梁殿分五间,呈拱券形,为砖砌结构,因整个殿堂不用梁、枋大木而得名。据史料记载:皇帝斋戒期间,亭内设方几一张,罩黄云缎桌衣,上设一尺五寸高的铜人像一尊。铜人双手恭奉简牌一枚,书有"斋戒"二字,意思是要皇帝有所警惕,不忘用心斋戒。斋戒铜人在清代有三种形式:一为唐朝名臣魏征像,一为明初乐官冷谦像,一为明代太监刚炳像。相传这三人在历史上都以刚直敢谏而著称。这是明洪武十一年(1378 年)定下的制度,清代也沿用了下来。古代礼法规定,皇帝须在祭天前三天来斋宫斋戒。这几日,皇帝不吃荤、不饮酒、不听音乐、不近妃嫔、不吊丧、不理刑事等。但这些规矩,对于享尽荣华富贵、荒淫无度的皇帝来说,简直如同被囚禁,莫说三昼夜,就连一天也是难熬的。因此,自清朝雍正之后,制定了在紫禁城皇宫内建斋宫的办法。每逢祭天之日先在宫中"致内斋",直到举行仪礼前四五小时才来天坛斋宫做个样子"致外斋"。这样,斋宫就成了皇帝祭天时的一个临时歇息之处。祀日时分,皇帝从斋宫起驾,鸣钟为号,至登坛时钟声停息。礼毕后再鸣钟,直至皇帝还宫为止。祭祀时,皇帝乘象辇出斋宫正门向东,至丹陛桥西侧降辇,然后登桥祭祀而去。

回音壁

回音壁就是星穹宇的围墙,高 3.72 米,厚 0.9 米,直径 61.5 米,周长 193.2 米。墙壁是用磨砖对缝砌成的,墙头覆着蓝色琉璃瓦。围墙的弧度十分规则,墙面极其光滑整齐,对声波的折射十分规则。只要两个人分别站在东、西配殿后,贴墙而立,一个人靠墙向北说话,声波就会沿着墙壁连续折射前进,传到 100～200 米外的另一端。无论说话声音多小,对方都能听得清清楚楚,而且声音悠长,堪称奇趣,给人造成一种"天人感应"的神秘气氛。

三音石

皇穹宇殿门外是一条由大长方石铺成的甬路,站在甬路第三块石板上,敞开殿门,并将全殿窗户紧闭,使殿门到殿内正中神龛之间没有任何障碍物,然后面对殿门说话,就可以听到非常洪亮的三声回声,而且站在殿外任何地方都可以听到。由于这声音是在供奉"皇天上帝"的建筑里发出来的,而且回声很大,因而就有"人间偶语,天闻若雷"之说,于是又称这些石板为"天闻若雷石"。这些石板还被称为"三才石",即取天、地、人三才之意。人们必须站在人石上说话,为了让"皇天上帝"听到,还必须打开殿门,而说话的回声便是"皇天上帝"的回答。

其实,这种奇妙的现象,正是因为皇穹宇的殿门高,而石阶下面的第三块石板和殿门以及殿内神龛上面的殿顶形成一条直角三角形的斜边。站在第三块石板上说话,声波可以沿着斜线直接传入殿内,碰到圆形殿壁、殿顶后再返回殿外。又因第三块石板位于垣墙的中心,所以站在这里击掌,都能听到它的回声,只是由于声波传播的距离不同,所以才会听到次数不同的回声。由于其他石板与殿门内壁的三点之间难以形成直角三角形的斜线,所以即使站在那里的其他石板上击掌或说话,也不可能听到回声。

圆丘坛

在天坛南半部,始建于嘉靖九年(1530年),坐北朝南,四周绕以红色宫墙,上饰绿色琉璃瓦,俗称"子墙"。子墙四周各有一个大门。北门叫成贞门,也称北天门;东门叫泰元门,也称东天门;西门叫广利门,也称西天门;南面正门叫昭亨门,也称南天门。每座门上题有满汉合璧门额。将各门名称的第二个字顺序排列为元、亨、利、贞。这种排列是根据《周易》的"干卦四德"而定的:"元",代表始生万物,天地生物无偏私;"亨"为万物生长繁茂亨通;"利",为天地阴阳相合,从而使万物生长各得其宜;

"贞",为天地阴阳保持相合而不偏,以使万物能够正固而持久。

皇帝每年祭天时,都从西边牌楼下轿,然后步入昭亭门,进昭亭门到圜丘坛。四周绕有两层名叫"墙"的蓝色琉璃瓦矮墙。第一层墙为方形叫外;第二层墙为圆形叫内,象征"天圆地方"。墙内中央处,就是祭天台(也叫拜天台),即圜丘台。

台面墁嵌九重石板,象征九重天。所谓九重天,即:第一重日天;第二重月天;第三重金星天;第四重木星天;第五重水星天;第六重火星天;第七重土星天;第八重二十八宿天;第九重为宗动天,即上帝的起居室。每当祭天时,在坛台中央的太极石上供奉着皇天上帝牌,外面支搭蓝色缎幄帐,象征皇天上帝居住在九天之上。古代中国认为天属阳,地属阴,引申开来,奇数属阳,偶数属阴。圜丘之所以都用奇数去构筑,就是因为它们都是阳数。而在十以下,最大的阳数是九,引申下去,九就是最大、无限、至极的意思。中国过去皇帝称为"九五之尊",中国古诗词中也有"九霄"、"九天"、"九重天"……其中的"九"都是这个意思。圜丘在建筑设计中使用奇数,而且反复使用其中"九"的倍数,正是中国古代匠师对这种概念的运用和发挥,使"天"的观念能在祭祀建筑中更好地体现。

天心石

圜丘台中心是一块圆形的大理石板,叫作天心石,也叫太极石。从中心向外围以扇形石。上层坛共有九环,每环扇形石的数目都是"九"的倍数。一环的扇面石是九块、二环十八块、三环二十七块……九环八十一块,取名九九。中层坛从第十环开始,即九十块扇面石,直至十八环,为一百二十六块组成。下层坛从十九环开始,至第二十七环,扇面石二百四十三块。三层坛共有三百七十八个"九",合计用扇面石三千四百零二块。

站在圜丘台中间的圆心石上轻轻唤一声,立即就会从四面八方传来回声,好似众人齐鸣,一呼百应。封建帝王说这是皇天上帝在向凡人发出"圣谕"。其实,这种现象是声波被阻的回音。从圆心石发出的声波传到四周的石栏以后,就同时从四周迅速反射回来,声波振动较大;又由于圜丘坛的半径较短,所以回声很快。据测试,从发音到声波返回到圆心石的时间,总共只有 0.07 秒,所以站在圆心石上的人听起来,声音格外响亮。封建统治者则把这种声学现象说成是"上天垂象",是天下万民对于朝廷的无限归心与一致响应,并赋予"亿兆景从石"的美名。

天坛的主体建筑之外,还有大片的绿地。天坛内有松柏万余株,其中树龄在 300～600 年以上的约有 2600 多株。相传于 1420 年前所植的九龙柏,高 10 米,胸径 1.2 米,树干表面凹凸花纹似群龙绕柱。

今天,天坛仍是中国的标志性建筑之一,它以严谨的建筑布局,奇特的建筑构造和瑰丽的建筑装饰著称于世。2003 年,奥运会会徽的揭晓仪式就是在这里举行的。

天坛的艺术和价值

天坛在建筑设计和营造上集明、清建筑技术、艺术之大成。祈年殿、皇穹宇是木制构件、圆形平面、形体巨大、工艺精制、构思巧妙的殿宇,是中国古建筑中罕见的实例。

天坛又以大面积树林和丰富的植被创造了"天人协和"的生态环境,是研究古代建筑艺术和生态环境的实物,极具科学价值,是皇家祭坛建筑群中杰出的范例。建筑轴线北部的构图中心祈年殿,体态雄伟,构架精巧,内部空间层层升高向中心聚拢,外部台基屋檐圆形层层收缩上举,既造成强烈的向上动感,又使人感到端庄、稳重。色彩对比强烈,而不失协调得体。天坛从总体到局部,均是古建筑佳作,是工艺精品,极具艺术价值,是华夏民族一个漫长的历史时期思想文化的遗迹和载体。天坛是物化了的古代哲学思想,有着较高的历史价值、科学价值和独特的艺术价值,更有着深刻的文化内涵。

天坛宝鼎

　　另一方面,天坛深刻的文化内涵使之更具特色。天坛从选址、规划、建筑的设计以及祭祀礼仪和祭祀乐舞,无不依据中国古代《周易》阴阳、五行等学说,成功地把古人对"天"的认识、"天人关系"以及对上苍的愿望表现得淋漓尽致。例如,圜丘的尺度和构件的数量集中并反复使用"九"这个数字,以象征"天",并强调与"天"的联系。天坛祈年殿以圆形、蓝色象征天,殿内大柱及开间又分别寓意一年的四季、二十四节气、十二个月和一天的十二个时辰(古代一天分十二时辰,每时辰合两小时)以及象征天上的星座——恒星等。天坛处处"象天法地",它是古代"明堂"(中国古代帝王专用的一种礼制建筑)式建筑仅存的一例,是中国古文化的载体。

世界屋脊上的明珠——布达拉宫

布达拉宫位于西藏自治区拉萨市中心红山上,海拔 3700 余米,始建于 7 世纪,是历代达赖喇嘛的冬宫。布达拉宫是世界上海拔最高、规模最大的宫堡式建筑,建筑面积 13 万多平方米,共 13 层,主楼高 117 米,有 1400 多年的历史。布达拉宫号称"世界屋脊上的明珠",它是一座集建筑、历史、文化艺术和宗教于一身的文物宝库,是世界宫堡建筑艺术之最,也是中华各民族团结和国家统一的铁证。

布达拉宫的建筑特色

布达拉是梵语(古印度语)的音译,意为"佛的圣地"。布达拉宫最早建于 7 世纪吐蕃王朝第 33 代藏王松赞干布时期,他为迎娶文成公主在这里建造了宫殿,后又建造了大昭寺,吸引着大批的朝圣者。9 世纪中叶,大昭寺遭雷击和兵乱被毁,仅存法王洞、圣观音两个房间。17 世纪,五世达赖喇嘛建立嘎丹颇章西藏地方政权机构,于 1645 年在松赞干布所修建宫殿遗址上,重建了寝宫、大殿、围墙、门楼以及地方政府工作场地白宫等建筑物。1682 年五世达赖喇嘛圆寂后,为供养五世达赖喇嘛,1690 年修建了灵塔、佛殿、经堂结合的红宫。此后又经历代达赖喇嘛逐渐改修,形成今日的规模。

布达拉宫主体建筑采用红、白双色,红色为智慧与力量的象征,白色代表着慈悲。这两种颜色跃然于河谷盆地之上,环绕于群山之中,分外迷人。建筑风格以地方传统为主,但又处处体现出中原地区风格。不论是从石木交错的建筑方式,还是从宫殿本身所蕴藏的文化内涵,都能感受到它的独特性,它似乎总能给到过这里的人留下深刻的印象。统一花岗石的墙身,木制屋顶及窗檐的外挑起翘设计,全部的铜瓦鎏金装饰,以及由经幢、宝瓶、摩羯鱼、金翅鸟做脊饰的点缀……这一切完美配合使整座宫殿显得富丽堂皇。大殿内的壁画也是布达拉宫内一道别致的风景,在这堪称巨型绘画艺术的长廊里,既记载了西藏佛教发展史,又记载了五世达赖生平、文成公主进藏过程,还有西藏古代建筑形象和大量佛像金刚等等,可以说它是一部珍贵的历史画卷。

布达拉宫的主体建筑由东部的白宫(达赖喇嘛居住的部分)、中部的红宫(佛殿及历代达赖喇嘛灵塔殿)及西部白色的僧房(为达赖喇嘛服务的亲信喇嘛居住)组成,按照功能也可分为白宫、红宫和日光殿,还有人将布达拉宫分为四个部分:红山之上的红宫、白宫、山后的龙王潭和山脚下的"雪"。龙王潭为布达拉宫后园,方圆3千米,中为湖,湖中小岛建有龙王宫和大象房等;"雪"在布达拉宫脚下,其中安置过去的监狱、印经所、作坊、马厩,周围是宫墙和碉堡。

布达拉宫白宫

白宫是达赖喇嘛的冬宫,也是原西藏地方政府办事机构所在地,主要建筑有东大殿,东、西日光殿等。跨进白宫大门,就可进入一个高出平地六七十米的广场,全部由西藏特有的阿嘎士打成,面积约1600平方米,这是历代达赖观赏歌舞的场所,名为"德阳厦"。随后可到达白宫最大的宫殿东大殿,殿内有44根柱子,殿堂正北是达赖的宝座,上有大匾"振锡绥疆",之后有"同治御笔之宝"的玺印。这里是达赖举行坐床、亲政大典等重大政治和宗教活动的地方。现在殿内仍保存着清代顺治皇帝册封五世达赖的金册金印。宫殿四面的壁画,记载着松赞干布请婚、文成公主进藏和金成公主进藏的历史事件。

白宫最高的殿宇就是东大殿上的日光殿,该处从早到晚阳光灿烂,因此得名。这里是达赖喇嘛的住处,也是布达拉宫作为政教合一建筑的核心和灵魂。西日光殿是喇嘛召见文武官员和举行政治宗教仪式的殿堂,东日光殿则是十三世达赖在西日光殿东部扩建而成的寝宫。在此凭栏远眺,拉萨便可尽收眼底,景象奇妙。

红宫的主体是达赖喇嘛的灵塔和佛殿。灵塔共有八座,分别安放着五世、七世、八世、九世、十世、十一世、十二世、十三世达赖喇嘛,其中五世达赖的灵塔是第一座,也是最大的一座,据记载汉镶包这一灵塔所用的黄金就达11.9万两之多;十三世达赖的灵塔最为豪华。

红宫中最大的宫殿是西大殿,它是五世达赖灵堂的享堂,有48根柱子,壁画绘有五世达赖的生平,其中1652年五世达赖到北京觐见顺治皇帝的壁画最为著名。殿内除乾隆御赐"涌莲初地"匾额外,还保存有康熙皇帝所赐大型锦绣幔帐一对,此为布达拉宫内的稀世珍品。传说康熙皇帝为了织造这对幔帐,曾专门建造了工场,并费时一年才织成。

法王禅定宫等部分建筑是吐蕃时期遗存的布达拉宫最早的建筑

物,内有极为珍贵的松赞干布、文成公主、金成公主等人的塑像。殊胜三界殿是红宫最高的殿堂,内供有乾隆皇帝画像及一尊十一面观音像。此外还有上师殿、普贤追随殿、坛城殿、合金殿、菩提道次第殿、持明殿等。

布达拉宫的传奇

为什么灵塔的形制基本相同,但规模相差甚大呢? 据考究,五世达赖和十三世达赖的金灵塔之所以规模大,是因为这两位大师生前对佛教的传播和西藏的发展都做出了非凡的贡献。五世达赖推翻反动政权,建立新政权,并与清朝政府建立友好联系。当时的顺治皇帝册封五世达赖为"西天大善自在佛所领天下释教普通瓦赤喇怛喇达赖喇嘛";十三世达赖一生坚韧卓绝,领导西藏人民抗击英帝国主义的侵略并反对清廷,晚年致力于改善同中央的关系。

从五世到十三世达赖都有专门的灵塔,为什么没有六世达赖的灵塔? 布达拉宫上师殿北侧面只保留了一尊六世达赖的塑像,其面容清瘦、书生模样。六世达赖一直被后人称作"情歌圣手",他既是声名显赫的喇嘛,又是一位不守宗教戒律、大胆追求爱情和自由的普通人,更是一位才华横溢的天才诗人。在一个风雪初霁的清晨,有人发现雪地上有一串脚印直通他的房间,这样六世达赖与情人幽会的秘密被发现。1706年,这位天才诗人被解押往北京,病死在青海湖畔,时年23岁。也有史料记载,六世达赖并没有死,而是从青海遁逃后云游各地,64岁圆寂于蒙古阿拉善。六世达赖的"离经叛道"使他没有像其他达赖喇嘛一样安息在布达拉宫的灵塔内。

布达拉宫现为西藏喇嘛的行宫,是宗教中心,它为什么称"宫"而不称"寺"呢? 据史料记载,7世纪,吐蕃松赞干布进攻唐朝失败后,明智地采取与唐朝和亲的政策,唐太宗将美丽的文成公主嫁到吐蕃。

为了庆祝这一重大庆典,松赞干布特意建造宫室,这宫室就是最初的布达拉宫。后来松赞干布王朝灭亡,古老的城堡大多毁于战火。现在的布达拉宫,始建于明末清初,是在原遗址上修建的。17世纪,五世达赖喇嘛修建了白宫,五世达赖喇嘛圆寂之后才有人着手修建红宫和五世达赖喇嘛灵塔,此时它既是政治中心,又是宗教中心,被称作布达拉宫而不是布达拉寺。"布达拉"是梵语音译,又译"普陀罗"或"普陀",原指观世音菩萨所居之岛,因此布达拉宫又称为第二普陀山。

布达拉宫的文物珍藏

布达拉宫不仅是原来西藏政教合一的统治中心,更是一座艺术宝库,一座历史博物馆。

宫中保存着明清两代皇帝的封诰、金册、玉册,大量的金银物品、瓷器、锦缎及工艺珍品,经文、医学、历史、文学书籍以及近千座佛塔、上万座佛像、万余幅唐卡、法器等珍贵文物。其中壁画是布达拉宫建筑艺术的重要组成部分,有2500余平方米,其内容多是历史故事、神话传说、佛像仙人、动物花草,最为著名的有五世达赖进京觐见图、文成公主进藏图,等等。宫内有一幅明成祖朱棣的画像,画像上的御座镶嵌玉石珐琅,靠背和扶手均为龙首,龙口含装饰,十分华丽。还有研究古代天文历算的《天体运行图》,一部分每页以黄金、白银、珊瑚、锡、红铜、白螺、松耳石、珍珠八种珍宝在黑亮的硬脂纸上手书而成的《丹珠尔》,堪称稀世珍宝。所有这些文物,据专家统计,估计需要20年时间才能清点完毕。

大昭寺

　　大昭寺位于拉萨市区东南约 3 千米处,始建于唐贞观二十一年(601 年)。它是西藏地区最古老的一座仿唐式汉藏结合木结构建筑。17 世纪时,五世达赖喇嘛对大昭寺进行了大规模的扩建和修葺,最终形成了占地面积 2.51 万平方米的庞大建筑群。大昭寺,藏语为“觉康”,意即释迦牟尼佛寺。相传文成公主笃信佛教。一般寺庙大门均向南开,然而大昭寺却向西开,这是因为唐朝是往西取经的。因此文成公主所修的小昭寺的寺门向东开,以示文成公主对大唐的怀念。

　　在大昭寺的正门入口前,有三根石柱,一根石柱上用汉藏两种文字刻着 823 年签订的唐蕃会盟书。

　　大昭寺的主要建筑为经堂大殿,殿高四层,建筑构件为汉式风格,柱头和屋檐的装饰则为典型的藏式风格。大殿的一层供奉有唐代(618～907 年)文成公主带入西藏的释迦牟尼金像;二层供奉松赞干布、文成公主和金城公主的塑像;三层为一个天井,是一层殿堂的屋顶和天窗;四层正中为四座金顶。佛殿内外和四周的回廊满绘壁画,面积达 2600 余平方米,题材包括佛教、历史人物和故事。

　　大昭寺是西藏重大佛事活动的中心。五世达赖喇嘛建立“甘丹颇章”政权后,“噶厦”政府的机构便设于寺内,主要集中在庭院上方的两层楼周围。许多重大的政治、宗教活动,如“金瓶掣签”等都在这里进行。

　　未有拉萨城,就有大昭寺。传说文成公主观天察地,认为所居沙地为龙头之门,需建庙镇之,于是就在此为释迦牟尼佛建寺。寺庙落成后,前来朝拜的善男信女很多,时间一长,就形成了以大昭寺为中心的八角街,这就是拉萨的古城雏形。

　　大昭寺作为平川式寺院建筑的代表,其周围环绕的经堂、佛殿、回廊和院落,以其不对称的排列,明显区别于汉式寺院的整体结构。而主殿的金顶,又反映了藏式建筑从一开始,就受到汉族建筑传统风格的影响。这表明了在7世纪中叶,融合了汉、藏、印度建筑元素的藏式寺院建筑风格已经基本确立了。大昭寺原是为了佛祖的八岁等身像而建,可是今天里面供奉的却是文成公主带来的十二岁等身像,这是为什么呢?

原来这里面另有隐情。文成公主去世后,有人谣传唐朝将进攻吐蕃,夺回佛祖十二岁等身像。于是,寺里的僧人就把大昭寺、小昭寺的佛像进行了对调。十二岁等身像移到大昭寺后,就藏在这间神殿内,并用泥将门封了起来。直到事态逐渐缓和之后,佛祖的十二岁等身像才重见天日,并从此留在了大昭寺。

罗布林卡

罗布林卡位于布达拉宫西侧约2千米的拉萨河畔。"罗布林卡"在藏语中的意思是"宝贝花园",始建于18世纪中叶,是历代达赖喇嘛处理政务和进行宗教活动的夏宫。它的面积达36万平方米,比北京颐和园还要大60公顷。

罗布林卡一带河道曲回,水流平缓,夏日汀草岸柳倒映其中,风景秀丽。七世达赖在哲蚌寺学经期间,时常到此搭帐消夏。七世达赖参政后,当时的驻藏大臣秉承清廷旨意,在这里为他修建了乌尧颇章(帐篷宫),这就是罗布林卡的前身。七世达赖晚年时又在附近修建了格桑颇章,并起名"罗布林卡",后经清帝世宗批准,七世达赖每年夏季在格桑颇章处理政务。从此,罗布林卡逐渐由疗养地演变为处理政教事务的夏宫。以后的历辈达赖均在每年的藏历3月18日从布达拉宫移居罗布林卡,亲政之前的达赖则常年在此习经学法。

罗布林卡由格桑颇章、金色颇章、达旦明久颇章等几组宫殿建筑组成,每组建筑又分为宫区、宫前区和林区三个主要部分。以格桑颇章为主体的建筑群,位于第二重围墙内南院的东南部。以措吉颇章(湖心亭)为主体的建筑群,位于格桑颇章西北约120米处,是罗布林卡中最美丽的景区。以金色颇章为主体的建筑群,位于罗布林卡西部。各组建筑均以木、石为主要材料建成,规划整齐,具有明显的藏式建筑风格。主要殿堂内的墙壁上均绘有精美的壁画。

此外,罗布林卡内还珍藏有大量的文物和典籍。园内有植物100余种,不仅有拉萨地区常见花木,而且有取自喜马拉雅山南北麓的奇花异草,还有从内地移植或从国外引进的名贵花卉,堪称高原植物园。

中国佛教艺术宝库——敦煌莫高窟

敦煌莫高窟位于甘肃省敦煌市东南 25 千米鸣沙山东麓宕泉河的崖壁上,南北长约 1600 米。莫高窟俗称"千佛洞",始建于秦建元二年(366年),距今已有 1600 多年的历史。现存有各代洞窟 492 个、彩塑 2415 身、壁画 45000 多平方米、唐宋木结构建筑 5 座、莲花柱石和铺地花砖数千块,是一处由建筑、绘画、雕塑组成的博大精深的综合艺术殿堂。洞窟大小不一、上下错落、密布崖面,每个洞窟里面都有栩栩如生的塑像、婀娜多姿的飞天、精美绝伦的壁画、构图精巧的花砖,构成了一个充满宗教氛围的佛国世界。莫高窟是我国乃至全世界现存规模最大、保存最完整的佛教艺术宝库。

敦煌的历史地位

举世闻名的敦煌莫高窟古迹,位于我国甘肃省最西部的一个县——敦煌县。

敦煌在古时候是著名的丝绸之路的咽喉之地。西汉时,张骞出使西域,加强了中原和西域少数民族的联系,发展了汉朝与中亚各地人民的友好关系,促进了各国经济文化的交流和发展,使中国著名的丝绸传入中亚、西亚和欧洲。中国的丝绸如流水一样涌向西域。络绎不绝的商旅为丝绸而往来于中国与欧洲之间,那条商道,便成为举世闻名的"丝绸之路"。敦煌因独特的地理位置,因此尤显重要。

最早生活在敦煌的民族叫苗黎,几经战事后,苗黎衰落,强悍的匈奴占领敦煌。匈奴常向西汉侵扰,发动掠夺战争。汉朝为解除这个威胁,作了大量准备,派大将卫青、霍去病对匈奴全面出击,大败匈奴。匈奴最后向汉朝投降。敦煌由此纳入西汉版图。后在此设了武威、张掖、酒泉、敦煌四郡,置玉门关、阳关两个关隘,把秦长城一直增筑到敦煌以西,沿着长城,列置碉堡,驻兵守卫,并移民开发西域。千千万万劳动人民,从内地来到这荒凉的边塞,定居下来,用双手建起村庄,发展农业,使沙漠变成农田。

在劳动人民的艰苦奋斗中,敦煌逐渐兴盛起来,并建起了城市。敦煌在丝绸之路上的重要地理位置,使它的经济文化获得了迅速发展,并曾成为中国历史上盛极一时的重要城市。古人对敦煌的解释是:"敦,大也;煌,盛也。"历史上还有过长安第一,敦煌第二的说法。敦煌的盛大辉煌和在中国历史上的重要地位,由此可见一斑。正是在这片具有重要历史地位的土地上,孕育和发展了灿烂的、丰富多彩的敦煌文化。

莫高窟的彩塑

敦煌莫高窟分上下五层,长长的栈道将大大小小的石窟曲折相连。石窟大小不等,塑像高矮不一,大的雄伟浑厚,小的精巧玲珑,造诣精深,想象丰富,集建筑、绘画,雕塑艺术于一身,庄严神秘,宏伟壮丽,令人叫绝。

莫高窟的艺术珍品数量惊人,现存的 492 个洞窟中,保留到现在的彩塑佛像有 2411 个,分各个不同历史时期塑造,是人们研究我国彩塑艺术的宝贵资料。

由于莫高窟岩质疏松不适合雕刻,因此造像以泥塑为主。几个巨大的高达 30 多米的石胎泥塑,是在凿洞时留出佛像的大体形状,然后在外面加泥塑制成。其他塑像有的用木头做身架,外面用谷草包扎。小的彩塑则可用芦苇、谷草或芨芨草捆扎身架,然后再用泥细塑。一般是先用草泥做胎,外层用加有麻布片或纸浆、棉花的泥细塑,塑造完毕后将泥晒干,再进行着色加工。

我国古代的雕塑师们,在简单的工作条件下,显示出大师的智慧和卓越才能，他们凭着熟练的技巧和丰富的想象力，创作出具有不同时代风格的、栩栩如生的彩塑。

莫高窟里最早的彩塑是北魏时雕塑的。这些彩塑表现题材比较简单，有佛、菩萨、交脚弥勒等。在技巧上保留着石雕的手法，没有充分发挥泥塑特有的自由伸展的性能。

莫高窟里最大的几个塑像，是在唐代完成的。唐代是塑像最盛的时代，从唐初到唐末的各个时期的风格也不相同。一般说来，唐代的塑像比例适当，面部更加慈祥和蔼，衣褶更加流畅，每组神像各自的神情面相都不一样。

特别令人称道的是第194窟的菩萨塑像，有着高高的发髻，圆圆的脸庞，绣满花朵的菩萨衣服和帔帛（丝绸披肩）自然下垂，微微张开的眼睛和深陷的嘴角，透露出微笑和妩媚。唐代的塑像，使神更具人的魅力。

另外如第96窟的佛像，高达33米，是莫高窟最高的佛像，外面修建了一座9层楼才把它罩住。这也是在唐代完成的。

唐代以后莫高窟的艺术彩塑，都要逊色于唐代。

莫高窟的壁画

壁画是敦煌艺术中数量最大，内容最丰富的部分。这些壁画绘制于各个不同的朝代，纪录和反映着当时的一些生产劳动场面、社会生活场景、衣冠服饰制度、古代建筑造型以及音乐、舞蹈、杂技等各方面情况，也记录了中外文化交流的历史事实，为研究中国古代社会提供了宝贵的历史资料。西方学者将敦煌壁画称做是"墙壁上的图书馆"。

莫高窟至今还保存壁画有4.5万多平方米，如果将它们排列起来，可以布置成高1米，长45千米的画廊。莫高窟因此有"壁画艺术的长城"之称。

壁画的制作方法是先用泥涂平窟面，在泥里加上铡碎的麦草或麻筋。第一次涂平的泥干后，再涂一层薄薄的石灰。待石灰干后即可作画。画的时候先用赭红或浅墨线打底,然后再涂以粉质的颜料,涂好后再用颜色或墨线描绘一次。

敦煌艺术是十分丰富的,对其中某一项做深入研究都能写出大部的专著。由于敦煌壁画也是各个时期的产物,它们表现出的风格也有所不同,内容题材更是广泛,比如婀娜多姿的飞天、苦苦修行的佛教徒、雍容华贵的公主和虔诚的供养人……以及"故事画"、"经变画"、"佛教史迹画"、"尊像图"、"图案装饰"等,无不反映了古代劳动人民神奇而丰富的想象力和伟大的创造力。

提起敦煌,人们自然会想到神奇的飞天。飞天是佛教中的被称为香音神的菩萨,是佛教中最受人喜爱的菩萨,她能奏乐,善飞舞,满身异香而美丽。莫高窟的许多壁画都以精湛的笔墨描绘了她们的倩影。飞天是民族艺术的一个绚丽形象,她既不像希腊插翅的天使,也不像古代印度腾云驾雾的天女。中国古代艺术家们用绵长的飘带缠绕着她们优美的身体,塑造出轻盈美丽的仙女漫天飞舞的形象,她们是壁画中极富浪漫主义色彩的艺术形象,也是敦煌壁画中最使人赞不绝口的艺术作品。

莫高窟中的射猎壁画

敦煌壁画中的"尊像图"有佛、菩萨、天王力士、小千佛等。其中我们前面提到的"飞天"菩萨,就是尊像图中最惹人喜爱的艺术形象。

敦煌壁画中还有大量被后人研究的图案装饰画和一些精彩的杂技、舞蹈、奏乐的表演场面。乐队中的人拿着古代乐器,有些乐器到现在已经失传。

总之,莫高窟美妙瑰丽、浩如烟海的壁画,是我国劳动人民智慧的结晶,是中国绝无仅有的古代艺术遗产。

莫高窟的壁画反映了古代封建社会的现实,有的反映了劳动人民的辛勤劳动和统治阶级穷奢极欲的生活,有的描绘了大量的古建筑和丝绸之路上所使用的交通工具,让人们了解到当时婚丧嫁娶等社会习俗,成为我们今天研究古代社会生活的珍贵资料。

藏经洞是怎么发现的

敦煌藏经洞是 20 世纪最为重要的考古大发现之一,与故宫内阁大库档案、殷墟甲骨、居延汉简并称为中国古文献的四大发现。

藏经洞中包含了 4~11 世纪的佛教经卷、社会文书、刺绣、绢画、法器等文物五万余件。最具价值的要算是石窟中魅力无穷的文书经卷,体现了千年前的伦理道德,体现了千年前的文明价值。

它展现了丰富的精神空间和精妙的文字艺术。这些珍贵的发现为研究中国及中亚古代历史、地理、宗教、经济、政治、民族、语言、文学、艺术、科技提供了数量极其巨大、内容极为丰富的珍贵资料。可以说,藏经洞的开启揭开了一个空前绝后的时代,揭开了一个光芒耀眼的世纪,也揭开了一个光辉灿烂的古代文明!

提起这个重大发现,就不得不提到一个原本一文不名的小人物——道士王圆箓。藏经洞的发现,完全改变了他多难的命运,也使得冷寂了近千年的敦煌又变得热闹起来,这就让今天的我们不得不去关注他。

1897年，一位叫王圆箓的道士来到莫高窟。他看到莫高窟一片残破，无人看管，便想把它清理出来，作为自己的道场。他省吃俭用，四处劝捐募款，积攒了一些钱财，慢慢把洞窟中的积沙清理干净了。王道士也以主人的身份自居，还在此建了一个道观——三清宫，接收信众。

有一个叫杨果的书生，也来到这里，帮助王道士抄写道经，接待香客，兼收布施。1900年初夏的一天，杨果在第17号佛窟的甬道里向北面的墙壁磕烟锅头时，忽然感觉墙里面有回音。他怀疑这里面有密室，就把这个秘密告诉了王道士。一天深夜，他俩凿开了这个墙壁，令他们惊讶的是，这里面果真就是密室，里面堆满了经卷、印本、画幅和铜佛。藏经洞就这样被发现了。

这一天，正好是1900年6月22日。一个沉睡了长达千年之久的神秘洞窟终于被唤醒了！王道士怎么也没有想到，他用枯瘦、颤抖的双手打开的是一个足以轰动世界、举世无双的古代图书馆！那扇石门的开启，打开的不仅仅是黑暗的洞窟，还是一部灿烂的民族史，一部灿烂的文化史，更大的意义是释放了中华文明的巨大能量。价值连城的文卷锦帛、叹为观止的壁画雕刻、风韵犹存的佛像雕塑，无一不是旷世珍宝。

莫高窟第17窟藏经洞

面对无数文书经卷、佛像和其他文物，王道士虽然不知洞内的这么多东西为何存放在这里，却隐隐地觉得这个发现非同小可，必须要严肃对待。

于是他便邀请县城内的富绅人士前来观看，但所请之人并不懂室内物件的贵重价值，均认为是神物，不可轻易流失。满怀希望的王道士空欢喜一场，极不情愿却又无可奈何地将藏经洞的洞门再次封闭起来。

但王道士并未死心，依旧寻找机会"推销"他的重大发现。1902年3月，敦煌县新到任的知县汪宗翰得知此事，便令王道士取出部分写经、画像察看。略通古物知识的汪宗翰虽然看出这些经卷是极有价值的古代遗物，但并没有给予文物应有的重视，而仅仅出于一己之私，把这些珍贵遗物当作打通仕途的"礼品"在官场上送来送去，其中有份礼物——北宋乾德六年（968年）的水月观音画像一幅和写经两卷送到了知识渊博，对古物颇有研究的甘肃学政叶昌炽手上。叶昌炽是当时有名的金石学家，他得到消息后让汪宗翰代求一些卷子，补入到他已定稿的《语石》一书中。他还建议甘肃布政司衙门，将敦煌的全部古物运到省城兰州保存。

但最终因高额的运费不得落实而放弃了此计划，布政司衙门只好下令敦煌县把这些古物原地封存。

翘首企盼、静待佳音的王道士刚刚燃起的希望又一次熄灭了，只好遵命再次封闭了藏经洞。

莫高窟千年不没之谜

366年，莫高窟开始兴建，至今它已经历11个朝代，走过了千余年的风雨沧桑。

这样一处中外稀有的佛教遗址，从古至今都不是身居繁华闹市，也从没有经过特殊的保护，然而在经历了1600多年历史与自然的考验之后，并没有被沙漠吞噬，依旧保持着最初的样貌，傲立在沙漠的边缘，仍然那么雄伟而神奇。

于是,莫高窟的"千年不没"成了千百年来世人的不解之谜。

这其实得益于它恰到好处的地势选择。

那些或神奇或美丽的传说固然能体现出人们的智慧和想象力,然而关于莫高窟的选址、开凿和修建并非传说中的那样随意和偶然,这充分体现了古代劳动人民的聪明和智慧。

从自然环境来说,莫高窟建在鸣沙山断崖上,大泉河自南向北流过窟前,有河水滋润着莫高窟周围的绿树,形成了莫高窟独特的荒漠绿洲。莫高窟的周围还有连绵起伏的沙丘,东面是三危山,西面是鸣沙山。洞窟依山面水,红柳丛生、草木青绿,一派清幽的大自然风光,体现出佛教与大自然融合的思想。

同时,这片荒漠绿洲不仅为莫高窟带来了独特的清幽风光,更有效地阻隔了太阳光对洞窟的直射,避免了阳光辐射对洞窟造成的伤害。

从实际地形来看,莫高窟地处荒漠戈壁腹地,鸣沙山砂砾岩上,坐西朝东,与东面的三危山隔河相望,这样的设计也是为了使洞窟免遭风沙侵蚀。夏季东风盛行,莫高窟对面的三危山成了阻隔风沙的天然屏障,可以减缓洞窟受沙的程度;而到了冬季,风沙主要从洞窟背面的西方刮过来,呈 45 度角向下吹,与洞窟之间正好形成了一个吹不到的"安全区",因此洞窟的正面就免受了与风沙的正面"冲突"。所以,莫高窟便成为风沙区域里一个相对安全的地带。

另外,从莫高窟附近的风沙运动规律来看,这片戈壁平坦、突出,质地坚硬,由于那里风向多变且风速大,流沙通常很难堆积停留,即便有少量积沙,也很快会被偏东风吹回鸣沙山,这样一来就很好地阻挡了鸣沙山向莫高窟的移动,使莫高窟免遭流沙吞噬。

有研究表明,鸣沙山每年实际向石窟移动的距离不超过 0.31 米,按这个速度,即使再过千年,莫高窟也不会被鸣沙山埋没。

由此可见，莫高窟选择在这样的地理环境下修建，无疑是为其长期生存及兴盛创造了必要条件。同时莫高窟的建造也是古代先民聪明与智慧的结晶，更是敦煌文明与大自然的绝佳结合。

"佛光"和"千佛"之谜

我们知道，当年敦煌莫高窟第一座石窟的开凿，是源于乐僔和尚所见到的"佛光"，那么"佛光"到底是什么呢？

"佛光"，俗称"宝光"，它是一种在有云雾的山地较为常见的大气光象，以往人们认为在峨眉山多见，因此又把"佛光"称之为"峨眉宝光"，简称"宝光"。当观察者处于太阳和云雾之间，三者位于一条直线上时，就很有可能看到"佛光"环在云雾上显现。这种"佛光"环红光圈在外，紫光圈在里，其相应的光圈介于红、紫光圈之间，具体顺序从外到内依次是红、橙、黄、绿、青、蓝、紫。

用光学的知识解释，光源（通常为太阳光）从观察者身后射来，在穿过无数组前后两个薄层的云雾滴层时，前一个云雾滴层对入射阳光产生分光作用，而后一个云雾滴层则对被分离出的彩色光产生反射作用。反射光向太阳一侧散开或汇聚，站在任何一个迎接那些汇聚而来的光线的着眼点，都可见到略有差异的环形彩色光象，这就是神奇的"佛光"。

见到"佛光"的人通常还会看到有"佛"的现身，其实，"佛光"光环中间的"佛"影就是观测者自己的影子。这种在"佛光"中看到人影的现象，其实与月食产生过程中阴影的形成原理十分相似。当人与宝光环距离较近时，在光环中除了可见人们熟悉的自身影子即本影外，还有平常不为人们所认识和注意的半影及"虚影"。一般说来，本影较深，明显可见，而半影和虚影则很浅，不易被人们发现。人们看到光环中自己的身影形状呈现不可思议的虚幻放大，正是由于身影外围的半影以较大张角的喇叭形扩展作用所造成的。

我们说"佛"影就是观测者自己的影子,那么观测者只有一人,又怎么会有"千佛"显现呢?原来,"状有千佛"实为人影在云雾中交互放射形成的多重影像。当人们对着宝光环中的影子晃动身体,特别是挥动双手时,身体各部三种影子不断交错、叠加,看上去就似有无数个佛身叠加在一起,并在其中跃动一般。

经过科学的解释,"佛光"其实并不神秘。但正是这一简单的光学现象,才引得高僧乐僔在1600多年前的敦煌虔诚膜拜,并朗声发愿要把他见到"佛光"的地方变成一个令人崇敬的圣洁宝地,于是也就有了今天令全世界惊叹的佛教艺术名窟——莫高窟。

"佛光"并不是佛祖显灵,但观赏佛光却着实能带给人们一种不同寻常的扑朔迷离之感。现在的敦煌莫高窟一带已很难遇上"佛光",因为该地的气候条件早已不同于1600年前,湿度极低,平日较难形成云雾。而驰名古今中外的"峨眉宝光"吸引着无数好奇者前去探寻那种传奇色彩和神秘之感。

伸向藏经洞的罪恶之手

藏经洞的发现,使敦煌再度辉煌,成为世人瞩目的焦点。古老的敦煌历经了千年沧桑,然而,岁月的苍老,没能掩盖敦煌文明的熠熠生辉;尘灰的旧暗,没能遮挡住敦煌文明的璀璨夺目。

虽然藏经洞再次被用土块泥巴封闭了起来,但敦煌莫高窟有珍贵文物的消息却不胫而走,而且越传越神秘。在当时,由于清政府的懦弱,许多帝国主义国家都对中国的领土和资源垂涎三尺,英国和俄国更是互相监视,怀疑对方向中国新疆扩张,都把眼睛紧紧盯在对方身上,一举一动都不放过。俄国看中的是新疆西部的绿洲地区,而英国人理直气壮地把新疆西南部看做是自己的势力范围。于是在我国西部地区总有一些觊觎中华宝藏已久的探险寻宝的外国专家学者们频繁出没。

第一个向藏经洞伸出黑手的,是沙俄帕米尔地质考察队的勃奥鲁切夫,他听说敦煌藏经洞被发现后,于当年 10 月到了敦煌,以少量的俄国商品作为交换,从王道士手里骗去了大批珍贵文书经卷。1914 年,另一个叫鄂登堡的俄国人来到敦煌,弄走了为数可观的文物,并肆无忌惮地剥去了一批壁画和彩塑。

1906 年 2 月,为英国服务的匈牙利人斯坦因从土耳其商人那里听到敦煌藏经洞的消息,假借考古名义来到敦煌,以极低的代价买通了王道士,花了七夜工夫恣意挑选他需要的东西。他选中的有保存良好、完整无缺的长经卷 3000 多卷、各种残篇 6000 多篇,装满了 24 只大箱子,另有 5 箱装满了精美的织绣和画有佛像的绢幡、绘画等。16 个月后,这些东西运抵英国伦敦不列颠博物馆里。这个罪恶的掠夺者被授予一枚金质奖章。

敦煌藏经洞像一块鲜美的蛋糕,使那些垂涎者闻之而来。

1908 年,法国汉学家伯希和利用懂得中国文字的方便,把斯坦因忽略了的更珍贵的经卷和语言学、考古学上极有价值的 6000 多卷写本和一些画卷,装满了 10 辆大车运往巴黎。文物运走后,他本人带了一部分汉文写本到北京,夸耀于当时的文人学者中,引起了爱国学者的焦虑和愤慨,他们一再向政府呼吁抢救祖国这批珍宝。清政府这才拨款到甘肃,命令敦煌县令陈泽,把莫高窟宝库里所余的古写本全部运到北京。这批宝贵文物在启运来京途中又被层层盗窃、撕裂,损坏很多。到北京后只剩下 8697 卷了,经整理后存入当时京师图书馆。

其实王道士没有把东西全部上缴,他秘密保存了一部分古写本,于1911 年 10 月又卖给日本人 300 多卷写本经卷和两尊精美的唐代塑像。

1914 年,斯坦因第二次来到莫高窟,又用 500 两银子向王道士买走了 600 多卷佛经。

1924 年,美国的华尔纳来到莫高窟,采取剥离壁画的方法盗窃敦煌壁画。他用预先制好的特殊化学胶布贴在选好的壁画上,用力摩擦后壁画就留在了胶布上。他用这种办法粘剥了唐窟最精美的壁画 26 方,还偷走几尊唐代彩塑。这些东西现在都收藏在美国哈佛大学的福格艺术博物馆以及波士顿博物馆。以后华尔纳做了更充分的准备,带了助手到中国,准备进行一次大规模剥离,被当地人民发觉,才匆匆离去。

后来,华尔纳还根据自己的经历,写了一本名为《在中国漫长的古道上》的书,其中说道:"我除了惊讶得目瞪口呆外再无别的可说。现在我才明白,为什么我要远涉重洋,跨过两个大洲,来到荒凉的中国。"继而,他讲出了整个莫高窟搬迁的计划,甚至想让莫高窟成为空洞,"我计划使这个地方 20 年后将不值得一看"。其狼子野心可谓昭然若揭。强盗的嘴脸固然狰狞可恶,而麻木的王道士居然仍对此熟视无睹。也难怪后人评论藏经洞文物流失这段公案时气愤地说,"最为痛恨的是洋人,而最该怪罪的是王道士!"

在短短的 18 年中,数以万计的珍贵文物就这样流失了,除了现在中国国家图书馆藏及相关单位收藏部分文书外,英国图书馆现藏 13000 余件,法国国家图书馆现藏 5700 余件;俄罗斯科学院东方学研究所圣彼得堡分所现藏 10000 余件。

满怀希望而来敦煌的外国人都满载而归,得意忘形地哈哈大笑,留下了被掏空的莫高窟在朔风中战栗,藏经洞在痛苦中呻吟。伟大的敦煌啊,在你憔悴的面容上,再也难以见到往日的微笑,在兴衰荣辱沉淀之后,只剩下了悲哀的泪珠!

珍视国宝,保护国宝

敦煌莫高窟经历了 1600 多年的历史,已遍体鳞伤,但旧的创伤还没医好,在抗日战争时期又遇到新的威胁,河西走廊成了国防重地,一些人借"考察"、"游览"之名破坏文物。爱国学者见此状痛心疾首,呼吁政府妥善保管。呼吁得到民众和舆论的支持,国民党政府不得不出面应付,在1943年成立了敦煌艺术研究所。但国民党政府却拖欠办公费,使立志保护敦煌艺术的美术工作者忍饥挨饿地坚持工作。他们顽强地坚持在阴冷黑暗的洞窟中一手持灯,一手绘画,完成了数以千计的摹本,整理编写了不少资料。

1945年,国民党下令取消敦煌研究所,爱国学者几经抗议才得以保存,但困难越来越多。

1949年9月,敦煌在中华人民共和国成立前夕回到人民手中,1950年中央人民政府将研究所改组成立敦煌文物研究所,增加经费,改善工作条件,使研究所开始了卓有成效的工作。

以后,曾三次在北京举行了敦煌艺术展览会,每次都取得了成功。

1962年,周恩来总理亲自批准了莫高窟全面维修方案。很快,五座暴露在风沙中的唐宋木构檐修理复原;各洞窟安设了门窗;修筑了长长的防沙墙和防沙沟。又在南段发掘出三个底层洞窟。无数敦煌人的心血没有白费,在他们的共同努力下,古老的莫高窟终于重放异彩。莫高窟回到了人民手中,它将永远属于人民。

石佛最多的石窟——云冈石窟

云冈石窟位于山西省大同城西 16 千米处的武周山麓,开凿于北魏和平年间(460—465 年),距今已有 1500 多年的历史。整个石窟依山开凿,东西绵延 1 千米,现存主要洞窟 53 个,大小精美佛像 51000 多尊,它们最大的高 17 米,最小的仅有几厘米,或立或卧,或微笑或沉思,无不动人心魄! 这是中国第一个规模巨大的石窟群,是石窟艺术在中国走向全石化的起点,在这里,多种造像风格实现了前所未有的融会贯通,由此而形成的"云冈模式",成为中国佛教艺术发展史上的一个重要转折点! 这一宏伟的工程是 4 万工匠用了 30 多年的时间创造而成的,以其造像的气魄雄伟,佛教内容的丰富多彩而著称,也是我国现存各大石窟中石佛最多的石窟。

太武灭法与石窟的开凿

每个面对云冈石窟的人都会被它恢弘的气势所震慑,那么究竟是谁把这段山崖打造成一座流光溢彩的艺术殿堂呢?

云冈石窟的开凿与一个叫平城的城市和一个叫鲜卑的民族紧密相连。

沧桑、浩瀚的长城蜿蜒在中国北方,寂寞地守护着平城这座不断变化的塞上古城。历史上的大同叫做平城,历朝历代,它都是边关重镇。

398 年,一个叫作鲜卑的少数民族越过长城,在平城建立了北魏王朝,从此平城鲜活起来,寄托了这个剽悍的游牧民族一统天下的梦想!

北魏初期,佛教曾被奉为国教,全国上下都虔诚信佛,424 年,太武帝拓跋焘继位之后,仍然推崇佛教,都城平城盛行造寺建佛,僧侣人数日益增多。太武帝崇尚武力,通过武力兼并了北方的大部分地区。司徒崔浩是太武帝的谋臣,在战争中起着出谋划策的重要作用,但他信奉的却是道教。在崔浩的引导下,太武帝也对道教产生了一些兴趣。太延六年(440年),太武帝年号改为"太平真君",全国上下开始大肆宣扬道教。

太平真君六年(445年),长安发生兵变,太武帝领兵亲征,镇压起义。部队的士兵无事时在离长安不远的一个佛寺内游玩,却发现寺里有很多刀枪甲盾。此事由司徒崔浩禀告给太武帝,太武帝大怒,下令搜查寺庙,结果竟在寺内搜出了大量武器和长安叛军的往来信件等等。

于是,太武帝大怒,再加上崔浩的鼓动,太武帝下令毁掉长安一切佛像胡经,并召令四方皆用长安之法,焚毁佛寺佛塔,强迫僧人还俗,将僧寺彻底清除,这就是"三武一宗"中的"太武灭法",也是我国佛教史上的第一次灭法。

不料,灭法实施后不久,正当壮年的太武帝却生了重病,这样一来,反对灭法的人找到了借口,说是灭法得罪了菩萨,因此遭此报应。太武帝十分后悔,下令将崔浩满门抄斩,佛教在北魏也得以复生。

不久,太武帝病故,文成帝继位。他首先恢复了佛法,并重新开始修建佛龛寺庙。

452年冬季的一天,一个名叫昙曜的僧人心事重重地行走在平城郊外。对于数以千计的庙宇寺院刹那间毁于一旦,昙曜在感慨之余也在思考,如何才能让佛的光芒长久地留驻人间呢?平城近在咫尺。突然,一匹马咬住了昙曜的袈裟,而骑在马背上的正是当朝的皇帝拓跋浚。拓跋浚是拓跋焘的孙子,为了安定民心,这个刚刚继承皇位的少年君主大张旗鼓地重振佛教,灭法时四处逃散的僧人陆续返回了平城,昙曜与拓跋浚的相遇让历史在这一刻发生了巨变。

武周山位于内外长城之间,虽然称不上雄伟壮丽,但它却是通向北方大草原的咽喉要道,北魏皇帝把它作为祈福的"神山",正是从这里,鲜卑族进入平城,开启了君临中原的历史。

460年底,西北风像刀子一样穿透了阴冷的天空,但武周山下却是热火朝天。在拓跋浚的支持下,昙曜统领数千名囚徒、俘虏和工匠,用最原始的工具,一斧一凿地创作着一个即将流芳千古的佛教艺术库。

昙曜带人开凿的石窟就是今天看到的第16~20窟,因此这五窟被称为"昙曜五窟"。

佛教在成为北魏国教60年后,终于能以一种不易磨灭的方式流传了,但同时,拓跋浚要求从佛像身上能看到北魏历代皇帝的影子。在如此巨大的山体上开窟造像本身已很困难,况且,佛教在传入中国的同时,也严格规定了营造佛像的法度。

那么昙曜是如何协调王权和佛道之间的这个矛盾的呢?威严的气质对于一个帝王来说远远比英俊的面容更重要!昙曜和工匠们依旧沿用印度佛像的形态,只是在表情和比例上做了微妙的改动,然而正是这眉眼间的开阔、嘴角的微翘,使印度佛展现出中国式的帝王气派。这种改变意义重大,它巧妙地迎合了中国人含蓄、追求神似的审美取向,使佛教造像在生活化、世俗化的道路上迈出了关键性的一步。

独特的石窟艺术

云冈石窟的艺术源流十分悠长,它的雕刻技艺继承并发展了秦汉以来的民族艺术传统,同时吸取和融合了印度佛教石窟艺术的精华,形成了自己独特的艺术风格,并对其后的隋唐艺术的发展产生了深远的影响,在中国雕塑艺术史上起到了承前启后的重要作用。

石窟群中,有神态各异、栩栩如生的各种宗教人物形象,如佛、菩萨、弟子和护法诸天;有风格古朴,形制多样的仿木构建筑物;有主题突出、刀法娴熟的浮雕;有构图繁复、典雅精致的装饰纹样等,这在我国雕塑史上留下了重要的一页,成为我国古代劳动人民创造的伟大艺术成果。云冈石窟保留的衣冠服饰,建筑形制,音乐舞蹈,装饰纹样等形象,为研究我国古代文化艺术提供了丰富的实物资料。

第9窟至第13窟,因清代施以彩绘而异常华丽,所以一般俗称为"五华洞"。第9窟中,后窟明窗上的莲花图案和飞天十人像精美生动。第12窟也属于"五华洞"之一,因为窟前室的顶部和北壁上雕满了千姿百态的伎乐天和各种乐器,又被人们誉为"音乐宫"。这些专司歌舞的伎乐天,有的载歌载舞,有的表演杂技,而更多的正在手持各种乐器进行演奏。这些伎乐天石雕形象为学术界研究我国古代、尤其是北魏时期音乐艺术的发展和演变提供了生动具体的形象材料。

云冈石窟的第16窟至第20窟,纯以造像为主,平面都为椭圆形,规模宏大,气势雄伟,这就是云冈最早大规模开凿的"昙曜五窟"。昙曜五窟中最著名的是第20窟的露天大佛。这尊石佛通高13.7米,脸部丰满,高鼻、薄唇,两耳垂肩,双手过膝,左肩斜披着袈裟,右臂裸露在外面,显得雄浑刚健。背光还浮雕着火焰花纹、飞天等。这尊大佛头顶蓝天,盘坐在游人面前。因为它是露天的,便于拍照留影,所以深得游人喜爱。尽管它不是云冈石窟中最高大的石像,但日久天长竟成为云冈石窟的象征。

云冈石窟第20窟的露天大佛

云冈石窟的艺术价值

可能是由于云冈石窟地处荒僻,交通不便,所以历史上造访云冈并留下赞美文字的文人骚客并不多。北魏著名地理学家郦道元曾云游云冈,他在其名著《水经注》中把云冈形容成塞外仙境,认为那里简直是美不胜收。当时,武州河水很盛,加上"石鼓寒泉"的泉水,使得云冈石窟附近草木茂密,景色一定非常美。他令人神往的描述是有根据的。唐代诗人宋昱也曾写过一首盛赞云冈石窟的五言诗《题石窟寺,即魏孝文之所置》:

> 梵宇开金地,香龛凿铁围。
>
> 影中群像动,空中众灵飞。
>
> 檐牖笼朱旭,房廊炼翠微。
>
> 瑞莲生佛步,宝树挂天衣。
>
> 邀福功虽在,兴王代久非。
>
> 谁知云朔外,更睹化胡归。

这是一首赞美云冈石窟的不朽诗篇,必将永传后世。其中"影中群像动,空中众灵飞"之句更是绝妙,把姿态万千的飞天伎乐描绘得活灵活现,堪称少有的绝句。

云冈石窟记载了佛教在我国的兴衰。它是太武帝灭佛后,北魏皇室重新恢复和振兴佛教的结果。北魏时期,佛寺最多时达到 3 万余所,它是 3 万佛寺之首,是北魏皇室崇佛的圣地,极大地促进了佛教在北方的发展。云冈石窟为它的建造者树立了丰碑。为了开凿云冈石窟,成千上万的工匠,利用极其简陋的工具,充分发挥他们的聪明才智,鬼斧神工般地雕造出精美绝伦的石像群,为后人留下一座巨大的石雕博物馆。这充分体现了我国古代石雕艺术家和各族人民的创造才能和卓越智慧。

近二十年来,云冈石窟出现了比较严重的风化现象。石壁上的很多小佛已经日渐模糊,最终看不见了。大同地区盛产煤炭,而且是高硫煤,空气污染比较严重。在过去的一段时间里,由于石窟距离运煤路线太近,很多雕像的身上经常落满了黑色煤屑,处在"身披黑纱"的严重腐蚀状态。为了保护古迹,现在运煤的国道109已经改线,情况稍有好转,但还是面临着风化以及水土渗漏等种种问题。

云冈石窟,珍藏着无数古老的石刻。这些石雕作品,融合了中西艺术,具有非凡的魅力,艺术家们把它比喻成东方的罗马石雕。这座世界文明的佛教艺术宝库,是我国古代雕刻艺术的瑰宝。它以其古朴浑厚的姿态迎接着八方来客,同时也等待着人们的珍惜和保护。

石刻艺术博物馆——龙门石窟

　　龙门位于洛阳南郊 12 千米处,因两山相对、形似石门而得名。龙门地区的石窟和佛龛展现了中国北魏晚期至唐代(493—907 年),最具规模和最为优秀的造型艺术。这些翔实描述佛教中宗教题材的艺术作品,代表了中国石刻艺术的最高峰。

　　龙门石窟开凿时间前后长达 400 多年,历经北魏、东魏、西魏、北周、北齐、隋、唐 6 个朝代。在 2100 多个窟龛中,现存佛像 10 万余尊,题记碑刻 3600 余件,佛塔 40 余座。工程浩大,气势恢宏,令人叹为观止。龙门石窟是中原北方三大石窟群之一,与敦煌莫高窟、大同云冈石窟并称为中国三大艺术宝库,并被世界称为"中国石刻艺术的博物馆"。

石窟的开凿

　　493 年,北魏孝文帝下令迁都洛阳,从此停止了对云冈石窟的开凿,转而兴建龙门石窟。从北魏孝文帝迁都洛阳到孝明帝时期的 35 年间,是龙门石窟雕造佛像的第一个兴盛时期。这一时期开凿的洞窟大都集中在龙门的西山上,约占龙门石窟造像的三分之一。其中最著名的有古阳洞、宾阳三洞、药方洞等十几个大中型洞窟。

　　古阳洞是孝文帝为去世 3 年的祖母冯太后营造的功德窟,它是龙门石窟中开凿最早的洞窟,也是北魏皇室贵族发愿造像最集中的地方,每尊佛像上都记载着敬奉者的祈愿经过。洞内大小列龛多达数以百计,龛上图案的装饰也十分精美华丽、严谨完整、丰富多彩,为人称道的"龙门十二品",大部分都集中在这里。

宾阳洞是龙门石窟中开凿时间最长的一个洞窟，前后历时 24 年方才完成。洞内有 11 尊大佛像，主像释迦牟尼高鼻大眼、体态端详，是北魏中期石雕艺术中的杰作。主像两边还各有两个弟子和菩萨侍立，左边是迦叶和文殊菩萨，右边是阿难和普贤菩萨。

龙门石窟北魏宾阳中洞北壁立佛

药方洞内刻有 140 个药方，记录着我国古代医学的成就。这种把药方刻在石碑上或洞窟中的方式，在别的地方也有发现，这是古人将医学成就传之后世的一个重要方法。

奉先寺是龙门石窟中最大的一个窟，长宽各 30 余米。洞窟中间有一尊巨大的卢舍那释迦牟尼的报身佛雕像，总高 17.14 米，头高 4 米，耳长 1.9 米，精美绝伦。佛像丰颐秀目，嘴角微翘，呈微笑状，头部稍低，略作俯视，令人敬而不惧，具有巨大的艺术魅力。大佛侧旁还有其弟子阿难、迦叶、胁侍菩萨和力士、天王的雕像。这些雕像有的慈祥，有的虔诚，而天王、力士像则是面目狰狞、咄咄逼人，把主像烘托得更为突出。

随着北魏王朝的灭亡，龙门石窟的开凿也趋于衰落，沉寂了将近一个世纪，直到唐王朝建立，才再度兴起。从唐代开国到盛唐的 100 年间，是龙门石窟历史上第二次开窟造像的兴盛时期。

与北魏时期相比，龙门石窟在唐代的造像有了很大的变化。这一时期的造像题材中，弥勒佛的造像数量仅次于阿弥陀佛，而释迦牟尼佛却显著减少，菩萨中以文殊、观世音为最多。在石刻艺术手法上，北魏多用平直的刀法，到唐代改为圆刀，使佛像的衣纹更加流动飘逸。力士夜叉浑身肌肉突起,在符合解剖的原理的基础上适当加以夸张,更加具有感染力。

705年,武则天退位,同年去世,龙门石窟的弥勒造像随之日见绝迹,而石窟开凿的第二个高潮也就此结束了。龙门石窟断断续续开凿了400多年,见证了中国历朝历代的演变,也见证了中国佛教文化的发展,被世界称为"中国石刻艺术的博物馆"。

武则天与龙门石窟

对龙门石窟进行研究后人们发现,唐代开窟的洞窟中,弥勒佛的造像数量增加,而释迦牟尼佛却显著减少。龙门石窟的开凿,唐代以唐高宗和武则天时期达到鼎盛。在武则天当皇后期间,特别迷信弥勒佛。为此,她在龙门广造弥勒佛。千佛洞、大万五佛洞、极南洞和摩崖三佛等都是以弥勒佛为主尊的洞窟。这也是唐代弥勒佛的造像数量增加的主要原因。

虽然石窟造像属于佛教艺术,但也与政治有着紧密的关联。从龙门许多唐代石刻造像中,都可以窥见武则天一步步走上女皇宝座的踪迹。

唐高宗永隆元年(680年)十一月,龙门石窟万佛洞完工。万佛洞既是专为唐高宗、武则天做"功德"而开凿的功德窟,也是当时宫廷内部的一批御用僧尼奉命集体为唐高宗及武则天发愿而特别雕造的。

龙门石窟中,体形最大、形态最美、艺术价值最高的奉先寺主尊卢舍那大佛,是唐高宗及武则天亲自经营的皇家开龛造像工程,工程设计和施工都是由唐高宗亲自任命制定的。传说卢舍那大佛就是武则天的化身,因此佛像被赋予了女性的形象:面容丰满,修眉细长,眉若新月,眼睑下垂,双目俯视,庄重文雅,睿智明朗,嘴巴微翘而又含笑不露。为了开凿卢舍那大佛,武则天捐出了自己一年的脂粉钱,虽然两万贯对于这项工程来说只是杯水车薪,不过有了皇后作示范,王公贵族们自然趋之若鹜,资金的充裕让卢舍那大佛这样巨大的工程,仅用了3年零1个月就圆满竣工。

龙门石窟奉先寺卢舍那大佛

传说卢舍那大佛的面相正是以武则天为原型的。自古以来，只有皇帝把自己的相貌与佛像融合，昭示君权神授，而一个皇后如何敢把自己的形象以这样宏大的规模雕刻在石壁上呢？

据史书记载，656年以后，唐高宗李治的身体越来越虚弱，国家大事都由皇后武则天决策处理，威势甚至超过了唐高宗，当时并称为"二圣"。当国家重权都掌控在武则天手中的时候，卢舍那大佛以她的面容为原型也就不足为怪了。

"卢舍那"的意思是指智慧广大、光明普照。伫立在大佛脚下，无论身处哪个角度，时时都感觉正在被她智慧的目光笼罩着。日后，武则天为自己起名"武曌"，这个"曌"字表示日月当空，是特意造出来的。她希望自己也能像卢舍那大佛一样，给普天下带来温暖和光明。

黄河城摞城——开封

开封古称汴梁、汴京、东京,简称汴,为七朝古都,迄今已有2700余年的历史。它地处中原腹地、黄河之滨,是中华文明的主要发祥地之一。北宋画家张择端的《清明上河图》,展现的就是北宋都城汴梁清明时节的繁荣景象。然而,这座曾经繁华一时的古代都城汴梁,却突然间销声匿迹了。地处黄河中下游地区的开封,竟出现了奇特的"城摞城"景观,这是否与经常泛滥的黄河有关?

龙亭湖下城摞城

开封古称汴梁,位于河南省东部,地处豫东大平原的中心。城区内分布着包公湖、龙亭湖、西北湖、铁塔湖、阳光湖等诸多湖泊,因此享有"一城宋韵半城水"的盛誉。

其中,"宋"指的就是建都开封的北宋王朝。然而,在此存在长达168年之久的北宋京都汴梁,竟然在盛极之后神秘消失了。寻找这座中国历史上最为重要的都城的下落,成为中国考古学界的一大难题。

20世纪80年代,在河南省开封市龙亭湖的清淤工程中,一次意外的发现,让现场施工停了下来。

在清淤的过程中,施工人员发现了一些零星的瓦片和古代建筑的遗址,河南省文物局立即对龙亭一带进行了抢救性的发掘。有人猜想,这会不会就是《清明上河图》中描绘的东京汴梁城呢?接下来,考古人员根据出土文物判断,这是一座沉寂了600多年的古城遗址。

春秋时期,郑庄公在开封修筑储粮仓城,取名"启封",有"启拓封疆"的意思。后来,为了避汉景帝刘启的名讳改为开封。

公元前 364 年,战国时期的魏惠王迁都开封,兴建了著名的大梁城。此后的 2200 多年间,历代王朝又在这块土地上建起了多座城池。唐、宋、金、明、清各代都曾在此兴建城池。

北宋张择端《清明上河图》(局部)

随着岁月的流逝,这些古代的城池由于各种原因,已经荡然无存。人们只能从史书上和残破的旧城墙中,找寻一些古城的踪迹了。如今,发现的这座古代城池遗址又是何时修建的呢?

在随后的挖掘中,考古人员发现了一个奇特的现象:几乎在同一区域,一座座不同时期的古代城池,像"叠罗汉"一样,一层层地叠加在一起。

这里究竟发生了什么,为什么会出现这样奇特的"城摞城"景观?

北宋时期的都城汴梁为什么会神秘消失,它的消失与"城摞城"现象又有怎样的关联?

千年后的今天,就在这些城池的遗址上,已经建起了一座现代化的开封。

今天勤劳智慧的开封人,按照宋朝的《东京梦华录》和《清明上河图》精心设计了"宋城一条街",街道两旁各式各样宋代风格的楼阁、地地道道的风味小吃店,以及身着仿宋服装的生意人,给人一种穿越时空的感觉,仿佛繁华的古城汴梁就在眼前。

或许,《清明上河图》的作者张择端也未必会想到,千年之后,他的《清明上河图》会成为今天清明上河园的施工蓝本。

走在清明上河园中,如果不亲眼见一见精美的汴绣,真可谓是一种遗憾。汴绣是我国名绣之一,距今已有800多年的历史。《东京梦华录》中记载,北宋开封皇宫内设有"文绣院",绣工数百人,专为帝王嫔妃、达官贵人绣制服饰。后来,汴绣技艺在民间传播发展起来,盛极一时,十里都城到处珠帘绣额。再后来因为金兵入侵,宋室南迁,兵火水患,汴绣也随之衰落。

如今,心灵手巧的开封女子,一阵飞针走线就能把《清明上河图》绣在锦缎上,成为开封独具特色的手工艺品之一。

陶瓷工艺发展到宋代,更是达到了一个炉火纯青的阶段,在艺术上也取得了空前绝后的成就。这一时期,南北方各窑之间风格迥异,一些以州命名的瓷窑体系特色鲜明。比如有代表性的汝窑、定窑、钧窑瓷器,"汁水莹润如堆脂",质地有如青玉;钧窑天兰釉,似天空般湛蓝;还有龙泉青瓷的粉青、梅子青等品种,都巧夺天工,引起人们对美的遐想。陶瓷美学在宋朝的划时代发展,迎来了一个全新的美学时代。

宋代定窑白瓷观音佛像

宋代定窑白瓷双凤纹大碗

破解"城摞城"之谜

开封,位于黄河流域的中下游地区。黄河穿过世界上最大的黄土高原后,进入广阔的华北平原,因为这里地势平坦而流速降低,从中游带来的泥沙在此大量沉积。到了河南省开封境内,这种现象就更加明显了。

据统计,每年有 3 亿吨泥沙淤积在黄河的下游河床内,使这段河床平均每年升高 10 厘米,这样日积月累,在开封河段逐步形成了闻名中外的"悬河"奇观。

黄河水患的威胁,历来以下游最为严重。北抵天津,南达江淮,在 25 万平方千米的扇形大平原上,2000 多年间几乎布满了黄河决溢、改道留下的痕迹。黄河的泛滥,几乎每次都会殃及开封。

那么,"城摞城"现象的制造者会不会就是这肆虐的黄河之水呢?

毫无疑问,古城开封的沧桑巨变,"城摞城"的奇观,确实与黄河有很大的关系。

但是,黄河经常发生水患,造成泛滥的局面,却不都是由黄河自身导致的。史书记载,1128 年,北宋汴梁的一个地方官员,为了阻止北方政权的侵略,曾经在一个叫做"滑县"的地方扒开黄河。

这是有历史记载的第一次人为扒开黄河,造成了黄河河道第一次向南移动。此后,黄河屡次泛滥改道,位于黄河中下游的开封城,自然也经常遭受黄河水患。然而,在中国历史上,大部分都城由于兵火战乱或者城毁人亡等原因,都采取了抛弃旧城,另选新址建造新都的做法。而古老的城市开封,周围地势平坦,按常理,算不上是一个理想的建都之地,却为何屡次被淹没,又屡次在原地重建都城,难道因为只有这里才是一块风水宝地吗?

中国历史上还真的有过类似的说法,还为此发生过"铲除王气"的故事。

1398 年,明朝的几个王子密谋推翻当时的建文帝,不料计划败露。

后来,开封的周王被建文帝废为普通百姓。

然而,建文帝还是认为周王居住的王府,王气太重。因此,他下了道圣旨,把银安殿毁掉了,这在他看来是摘掉了龙心,紧接着他又拆掉了唱更楼,也就是所谓的挖掉龙眼。自古以来,中国人一直非常崇拜"龙"。它不仅仅象征着皇帝至高无上的权力,而且还时刻体现着神圣不可侵犯的威严。

建文帝想尽了各种办法,削弱周王府的王气。然而,结果却令他大失所望。

当时的一个王子叫朱棣,镇守着北平,也就是今天的北京。朱元璋死后,即位的建文帝决定削弱王子们的权势。朱棣打着平定叛乱的旗号乘机起兵,讨伐皇帝。

经过三年的战争,朱棣于1399年夺取政权,做了皇帝,这就是中国历史上的明成祖,建都北京。历史与建文帝开了个玩笑,他一心想铲除的"王气",根本就没在开封,而在北京。

1642年,一个叫李自成的人率领农民起义军围攻开封,明朝的王子周王,便命令守城的士兵扒开黄河,妄图用黄河水淹死起义的农民军。结果洪水咆哮着涌入开封,把这里变成了一片汪洋。周王府也未能幸免于难,随着开封城一起被无情的黄河水淤埋于地下。

当然,开封作为几代都城,多次遭到黄河水淹又多次重新修建,最终形成"城摞城"的奇观还有另外的原因。

据历史学家说,开封在封建时代被认为是"王气"凝聚之地,所以几代统治者均在此定都。黄河是中华母亲河,黄河之畔的开封是中原文明的发祥地之一,即使屡遭水患兵灾,人们也一直不曾放弃自己的家园。于是,在战火水患中,在开封的土地上,一座城市屡次重建,一缕文明之光随之延续了千年。

被称为中华民族摇篮的黄河,是世界上最复杂、最难治理的河流。它是世界上含沙量最大的河,每年从黄土高原带走16亿吨的黄沙,其中有 4 亿吨泥沙沉积在水库和下游河道中,下游河床由此以平均每年 10 厘米的速度抬升,黄河地上河景观由此诞生。

2000 多年来,由于泥沙的淤积,河床的升高,黄河平均"三年两决口,百年一改道",给沿岸民众带来了深重灾难。自古以来,便对黄河有个说法:"黄河清,圣人出。"其中的一层意思就是说黄河水是不会变清澈的,治理非常不容易。

1949 年,中华人民共和国成立,中国政府用于黄河下游防洪工程建设的投资达 80 亿元,完成各类土石方超过 14 亿立方米,其工程量相当于建造 13 座万里长城,并已经取得了连续五十多年黄河伏秋大汛不决口的巨大成就。

不久的将来,黄河也许将变成水偃河清、温柔驯服、造福两岸、名副其实的母亲河。黄河"城摞城"现象也将永远成为历史。

清明上河园

清明上河园位于开封城西北隅,东与龙亭风景区毗邻,是以北宋画家张择端绘制的巨幅画卷《清明上河图》为蓝本,集中再现原图风物景观的大型宋代历史文化主题公园。在开封市内乘 1 路、15 路公交车可直达景区。

清明上河园占地面积 500 余亩,其中水面 150 亩,拥有大小古船 50 余艘,各种宋式房屋 400 余间,形成了中原地区最大的气势磅礴的宋代古建筑群。整个景区内芳草如茵,古音萦绕,钟鼓阵阵,形成一派"丝柳欲拂面,鳞波映银帆,酒旗随风展,车轿绵如链"的古风古韵。

作为历史文化旅游景区,清明上河园设立了"宋代科技馆""宋代名人馆""宋代科技馆"和"张择端纪念馆"等。根据宋代历史故事创编了"包公巡案""梁山好汉劫囚车""武松路救兄嫂""王员外招婿"和"李师师艺会情公子"等剧目定时演出。为展现宋代文化艺术之辉煌,大型晚会"东京梦华魂"融宋代东京舞蹈、音乐、服饰艺术于一体,令人体味宋代文化之神韵悠长。

作为民俗风情旅游景区,清明上河园对流传至今的宋代民间手工艺和民俗文化进行广泛征集,对失传的古老艺术进行挖掘、抢救,并在园内集中体现。在园中可尽情欣赏汴绣、木版年画、官瓷、茶道、纺织、面人、糖人等手工艺术的现场表演制作,以及曲艺、杂耍、神课、博彩、驯鸟、斗鸡、斗狗等民俗风情表演。

品过宋代文化余韵,不妨信步开封大街小巷,再品品美食。在开封,五花八门的风味小吃遍布市内,深受中外人士的赞赏。开封的风味小吃主要有熟食类、油炸类、煮食类和汤食类。而这些风味小吃的经营者很大一部分是回族,往往是在开封的回族聚居区,能品尝到很地道的小吃。所以,到开封旅游时,应该比较注意自己的言行,尊重兄弟民族的生活习惯。

千年瓷都——景德镇

在中国,有一种用泥土烧成的器物,与国家同名;在中国,有一座古老的以手工业著称的南方小镇至今仍以一位皇帝的年号命名。是谁享有如此尊荣,把千年不熄的窑火铸就的美丽秘密散播向全世界?它就是千年瓷都景德镇。

景德镇位于江西省东北部,西濒鄱阳湖,北靠长江,面积5248平方千米。景德镇与河南凤仙、湖北汉口、广东佛山并称为中国古代"四大名镇",1982年成为中国首批国家级历史文化名城。早在1000多年前的宋代,景德镇的海外贸易便已开始。景德镇生产的瓷器经过广州、泉州销往海外50多个国家,令西方世界为之倾倒,他们把这些精致雅丽的器物称为china。

皇帝的瓷都

景德镇烧瓷的历史有两千年之久。据史料记载,早在汉代就有新平治陶,而新平就是景德镇最早的名字。

传说到了唐代,当时改称为昌南的景德镇上有两个有名的烧瓷匠人,一个叫陶玉,一个叫霍仲初。他们不辞辛苦,把自己烧制的瓷器千里迢迢地运到长安,以求卖个好价钱。他们的瓷器,质地细腻,晶莹如玉,造型美观,工艺精巧,人们纷纷前来购买。不久,有人把新买来的瓷器献给皇帝,皇帝见了,十分喜爱。从此,景德镇就开始专门为朝廷生产贡瓷。

"景德镇"这个名字,从诞生之日就与皇帝结下了不解之缘。因为"景德"就是宋代第三个皇帝宋真宗的年号。1004年的一天,也就是景德元年的一天,宋真宗在把玩刚送上来的一套影青瓷器——这是当时一个叫做"南昌"的生产瓷器的小镇进贡的。宋真宗越看心里越是喜欢,一时龙颜大悦,索性把自己的年号"景德"赐给这个专门烧造瓷器的小镇。景德镇的名字就这样诞生了。

景德镇生产的青白瓷被誉为"冰肌玉骨",精美的瓷器深得宋真宗的喜爱,于是他下令在这里建立"景德窑",烧制的瓷器底款上也都印有"景德年制"的字样。生产的瓷器进贡给朝廷。至今,景德镇人谈起家乡的历史,很多人都会说景德镇的窑火已经燃烧了千年之久,这个时间就是从景德元年算起的。

从宋代开始,景德镇就独创了一种新品种叫青白瓷。这种瓷器青中带白,白里泛青,釉色像玉一样润泽有光,在温润的釉色下,刻花、印花的纹饰清晰可见。这种独具韵味的瓷器出现后,立即受到了朝廷官员的青睐和文人的追捧。而在崇尚白色的元朝统治者眼里,这种青白瓷简直就是上天赐予的珍宝。

元朝建立后,这种泥和火的艺术交融产生的器物,成了蒙古统治者的新宠。但是,宋代北方著名的瓷窑,绝大多数都毁于战火,只有偏隅江西、交通闭塞的景德镇幸免于战,窑火依然长燃不熄。

很快,立足未稳的元朝在景德镇设立了浮梁瓷局,专门督促瓷器的生产。浮梁瓷局的设立,使景德镇的制瓷业发生了巨大的变化。在浮梁瓷局的督导下,全国各地的优秀工匠纷纷来到景德镇,北方陶窑的烧制技术也随着南下的工匠传到这里,使得景德镇瓷器烧造技术得到极大的提高,很多新的品种在景德镇烧制成功。景德镇的陶瓷颜色越来越白,瓷坯上的釉色渐渐变成像鹅蛋壳一样的颜色,人们把这种瓷称为卵白瓷。元朝的最高军事机构枢密院常常定制这种白瓷,所以也有人称它为枢府瓷。

为什么定都北方的元朝统治者会把如此重要的部门设立在一个南方小镇呢?这是因为当时的景德镇窑艺不但有自己的独门秘方,而且还吸取了北方定窑的不少工艺特点,烧造出了铅氧化物含量很高的一种白瓷。在蒙古人眼里,白色代表着吉祥。这种瓷器恰好符合了蒙古族人的民族审美心理。也正因如此,蒙古人认为这里是吉祥的地方,他们特别选定了景德镇。到元朝中期,景德镇的白瓷烧制技术已经达到了炉火纯青的程度。尤其是高岭土的发现和瓷石加高岭土二元配方制胎法的广泛使用,改善了瓷器的物理性能,使瓷器的烧制温度达到了 1300℃ 以上,出现了世界陶瓷史上划时代的高温硬质瓷。

元代景德镇青花瓷

元朝时期中国的海外贸易逐步扩大,景德镇的青色印花瓷器很快成为阿拉伯人喜爱的商品。他们发现这种来自中国的神秘之物完全不同于当地的陶瓷,它质地洁白细腻,上面装饰着鲜艳的蓝色花纹,轻轻一敲,就会发出银器一样的声音。很快,这种青色印花瓷器就成为那里的苏丹和贵族们陈列在宫室里的奢侈品。而这时,也许是受到波斯人装饰风格的影响,一种在素白色的胚体上描绘图案的釉下彩技术,在景德镇趋于成熟,这就是举世闻名的青花瓷。

1368 年,朱元璋定都南京,建立明王朝。这位当过和尚、出身贫寒的新皇帝,也对景德镇的瓷器宠爱有加。朱元璋称帝之初的洪武二年(1369 年),也就是 1369 年,景德镇就设立了御器厂,由朝廷委派督陶关,并由国家投入资金,专门为皇室和朝廷大臣们烧制祭祀和生活用品。初建时御器厂有窑 20 座,以后增加至 58 座,最多时达 80 座。也就是从那个时候开始,全国最好的原材料、最杰出的工匠都汇集在景德镇,使景德镇进入了独领风骚 600 年的辉煌时期。

不惜人力,不惜工本,在满足宫廷需要的前提下,景德镇生产出当时世界上最精美的瓷器,迎来了制瓷业的兴盛时期。

1644 年,清朝顺治皇帝入关,承袭了明朝皇帝修建紫禁城,也承袭了他们远在江西的御器厂。景德镇的陶瓷业又进入了一个鼎盛时期,也就是康熙、雍正、乾隆三位皇帝执政的 150 年时间。

这三位声名赫赫的满族皇帝,充满了一个王朝勃勃的朝气,他们对汉文化的崇敬,也表露在对景德镇陶瓷的喜爱上。

清朝把明朝的御器厂改为御窑厂,选派内务府官员驻厂督造,这时的制瓷技艺日益精湛,品种也更加丰富多彩。景德镇四大名瓷中的玲珑瓷、粉彩瓷和高温颜色釉,也正是在这期间发展起来的。

景德镇是皇帝的瓷都,给皇家烧窑供瓷近千年。那么景德镇里的御用官窑在哪里,这千年间又发生了哪些有趣的事情呢?

官窑逸事

在不同时期的景德镇地图中,最醒目的地方就是"御器厂",后来也被叫作"御窑厂"。

珠山是景德镇市区内的一座不高的小山,珠山上的龙珠阁是景德镇的标志性建筑,从元代的浮梁瓷局到明代的御器厂,再到清代的御窑厂,为皇帝生产瓷器的御窑都坐落在这里。

官窑的品质要求非常高,为了追求精美,官窑所用的瓷质也比普通窑好上千倍。烧窑的时候,一般是用一个匣钵,匣钵里面放上砖烧时使用的一种辅助工具垫饼,垫饼上再放要烧的器物。这种垫饼实际上都是瓷质材料。

尽管御器厂在烧制时的标准已经如此严格,烧出的瓷器还是要经过层层的严格筛选才能最终送到皇帝的身边。

　　在二十多年的考古发掘中,官窑遗址里出土了大量的瓷片,但与一般瓷窑遗址所出土的瓷片不同的是,这里出土的很多瓷片最终都能拼成一个完整的器形,也就是说,这些瓷器都是有意打碎后再埋藏起来的。

　　研究人员采取序列复原的方法,对在考古发掘现场挖掘出的一些官窑瓷器进行了复原。其中有一批明朝永乐年间的红釉瓷器,经复原,人们发觉瓷器上的纹式画错了,因此它们被工匠们用锐器砸碎。如今看到的瓷片多数是这样形成的。

　　在官窑被砸毁的无数件瓷器中,除了次品,还有一些是多余品。官窑在为皇帝生产瓷器的时候往往会有一些剩余产品,但普通人又没有资格使用,所以这些耗尽人力、物力而又没有任何瑕疵的精美瓷器也只能被砸掉并永久地埋藏起来。

　　另外,被深埋土中的还有一些可能是当时御器厂烧制的实验品。在2003年的考古发掘中发现的永乐青花釉里红龙纹梅瓶、红釉印花盖盒、黑釉刻花三足香炉等,都是人们从来没有见过的稀世珍品。

　　除了这些皇帝无缘一见的瓷器外,在景德镇的官窑遗址还发现过这样一种器物,这种器物在皇宫中深得皇帝的喜爱,却因为一些鲜为人知的原因而几近失传。

　　这个器物就是蟋蟀罐。景德镇官窑遗址出土的蟋蟀罐除了做工精美外,还为考证正史和野史记载提供了依据。明代的正史记载说宣德十年(1426—1435年)在历史上是非常辉煌的十年,政治开明、经济富庶。而明代野史在肯定宣德皇帝的军政才能的同时,又说他喜欢斗蟋蟀。在中国传统观念中,这种行为无疑是玩物丧志,因此明史对皇帝这一爱好没有只言片语的记载。

明代宣德官窑遗址出土的蟋蟀罐

虽然景德镇的御窑厂为宣德皇帝烧制了大量精美的蟋蟀罐,但真正传世的却非常少。其中原因可能是因为皇帝太爱玩蟋蟀,太后害怕皇帝不理朝政而砸毁了宫中的蟋蟀罐。也许正因为如此,宣德皇帝斗蟋蟀的故事成了在民间流传的野史,直到景德镇官窑遗址的发现,才使这段历史得以真相大白。

元朝的卵白瓷釉、明朝的宣德青花、成化斗彩、清朝康熙五彩、雍正粉彩、乾隆的镂雕瓷……景德镇御窑厂辉煌的历史是以一位位皇帝为坐标的。那些精美的官窑瓷器都有皇帝的年号,使后人能够清楚地辨别出每一位皇帝的喜好。在这些不同风格的转换中,有一种人扮演着重要角色,那就是督陶官。

当明朝政府开始在景德镇设立御器厂的时候,就派来了督陶官。此后的几百年间,有很多督陶官被派往景德镇,专门负责监督御用瓷器的生产。

在景德镇的历任督陶官中,清代的唐英是中国陶瓷史上留有浓重的一笔的重要人物。唐英初到景德镇时对陶瓷一窍不通,于是他就利用9个月的时间,拒绝了所有官场上的应酬,深入到坯房窑厂,和陶工们一起生活、一起劳作、一起参加绘画,等等,很快就熟悉了制瓷的各种工艺,由一个外行转变成内行。

　　清朝的乾隆皇帝曾直接干预宫内制瓷事务。他不仅对宫内瓷器的用途、形状、纹样等屡屡过问，还亲自审定画样，甚至对于瓷器的烧制过程也极感兴趣。唐英就奉乾隆皇帝的旨意编纂了《陶冶图》，书稿图文并茂，详尽地展示了制瓷的全部工序，被后世誉为"集厂窑之大成"，是中国陶瓷史上一部不朽的著作。

　　唐英经历雍正和乾隆两朝，在景德镇前后工作了二十多年，由他领导的御器厂被称为"唐瓷"，这一时期也是景德镇为皇帝生产瓷器的最后一个辉煌的年代。

　　景德镇官窑在达到顶峰后也开始随着它所依附的皇权而由盛转衰，尽管如此，景德镇的瓷器早已从陆路、水路走向了世界各地。

景德瓷器走出国门

　　15世纪初，三宝太监郑和携带大量丝绸和景德镇烧制的瓷器，七次出使当时被称为西洋的南亚和西亚诸国，掀起了中国海外贸易的热潮。景德瓷器成为郑和向太平洋和印度洋各国宣谕中华文明的最好的器物，也使无数为皇帝烧制的瓷器从景德镇官窑走向了更加遥远的地方。

　　当这些充满异国情调的瓷器出现在还使用粗陶盘子吃饭的欧洲人面前时，立即引起了上流社会狂热的追捧。一时间，中国瓷器的价格甚至超过了黄金，被欧罗巴人称为"白色的金子"。英格兰人甚至用瓷器的名字来指生产它们的未知国度——China。这时的中国是一个强盛的国家，它的富足与强大，与当时丝绸和瓷器的出口不无关系。

郑和雕像

在郑和出使西洋 100 年后，葡萄牙人绕过非洲南端的好望角进入印度洋，开辟了欧洲通往东方的新航线。1513 年，第一艘葡萄牙商船到达广州，从此，景德镇瓷器随着欧洲人的商船开始大量进入欧洲市场。

漫长的海上运输，远远不能满足市场上的需求，欧洲各国开始研究中国瓷器的烧制秘方。1712 年，一位叫昂特雷科莱的法国传教士在寄往欧洲的长信中，详细介绍了他所见到的景德镇陶瓷的烧制工艺，特别是重要的制瓷原料高岭土。50 年后，法国人率先烧制出了与景德镇瓷器相仿的硬质瓷器。

但是，鲜为人知的是，早在欧洲之前，景德镇的制瓷技艺就已经传到了朝鲜、日本和东南亚等国，并在当地产生了不小的轰动。

窑火中诞生的城市

作为一种水、土、火相融合的特殊工艺，陶瓷几乎涉及人类生产和生活的各个方面，陶瓷的发明在人类文明发展史上具有划时代的意义。从民用电子工业到航天高技术领域，到处都能看到陶瓷的身影。而在中国，这些陶瓷大多来自于景德镇。

1712 年，当法国传教士昂特雷科莱第一次踏上景德镇的土地时，他是这样向他的朋友描述这座东方瓷都的：景德镇处在山丘包围的平原上，有两条河从附近的山岳里流出来汇合在一起，形成了一千米多长的良港。从外面进港时首先看到各处袅袅上升的火焰和烟气构成的城镇轮廓，到了夜晚，它好像是被火焰包围着的一座巨城。

的确，景德镇是一座以单一手工业生产支撑起来的城市，不熄的窑火燃烧了十个世纪。瓷器是这座城市的灵魂，是这座城市的生命，没有了陶瓷，也就没有了景德镇。

学者们曾这样描述景德镇的城市历史：因河建窑，因窑成市。景德镇从来没有过城墙，当中国大大小小的城市忙于修筑城墙的时候，景德镇却敞开胸怀，把它的物产运往全国，行销世界。

在去瑶里古镇游览的路上,去高岭参观的高岭山脚下、景德镇东河边上,有一条保存完好、规模不小的古街——东埠街。现在的东埠是个村庄,人口 2500 人左右,面积 15.6 平方千米。宋代这里名叫鸿潭,明代这里是高岭土的集散地,商业繁荣,渐渐形成了一条商业街,成为码头集镇,因此改名东埠,意思是东河边的码头。到清代,街面已发展到 1000 米长,为浮梁四大古街(东埠街、湘湖街、靳功街和三龙街)之一。

当地人介绍说,东埠位于出产高岭土的麻仓山下,开采后的瓷土经过粉碎制成一千克重的坯子,从这里装船运往下游的景德镇。400 多年前,这条河的两岸还布满着数不清的民间瓷窑,后来由于朝廷的禁令和原料的匮乏,这一带的窑火才渐渐熄灭,部分陶工迁到景德镇上。1369年,明朝政府以国家财力支持景德镇瓷器生产,并且在镇上的珠山一带建立御器厂,专门为朝廷烧制瓷器。祖祖辈辈以窑为生的景德镇人,依然俯身在坯房里,劳作在窑火旁,遍布全镇数不清的坯房和瓷窑,渐渐形成了景德镇现在特殊的城市格局。

在景德镇的一些老城区里面,人们看不到很直的里弄,也看不到笔直的马路。因为这些老城区都是当年烧窑的地方。这里所有的建筑都是围绕窑来摆布的。这正反映了当年景德镇窑厂遍布的兴旺景象。

在景德镇,这样的建筑群落非常多,也非常有特色。镇子中有一条叫做罗汉肚的里弄,由于这里的房屋围窑而建,墙壁因此出现了弯曲,像罗汉胖胖的肚子,人们才这样称呼它。此外,还有老罗汉肚、刘家土弄、龙缸弄,单从这些街道的名称上,就可以看出制瓷业对这座城市的影响。

景德镇的瓷器誉满全球,那么它们是怎么从景德镇走出去的呢?

船载景德

明朝中期,景德镇的制瓷业完全摆脱了农业生产的附属地位,成为分工明细的手工业行业。一位叫陈淯的浮梁知县曾在上书中说:"景德一镇,业陶者在焉,贸陶者在焉,海内受陶之用,殖陶之利,舟车云屯,商贾电鹜,五方杂处,百货俱陈,熙熙乎称盛观矣。"意思是说,景德镇制作和销售陶瓷的人很多,全国使用景德镇陶瓷的地方都用船运输,盛况空前。

景德镇瓷业生产离不开水,流经镇上的昌江,带来了上游的制瓷原料,又带走烧好的瓷器。这些瓷器用木船装载,顺昌江而下,进潘阳,入长江,行销全国。也有的在泉州和广州再装上海船,运往中东和欧洲。现在景德镇的昌江两岸,还能找到陈知县时代那个"舟车云屯"的码头。

据介绍,景德镇有一座里市渡码头,它是景德镇的几个古码头之一。在它对面就是三闾庙码头。从三闾庙运过来的生产资料、生活资料以及从西部来的瓷工等都在这里上岸。里市渡码头下面就是中渡口,它与中渡口共同构成了繁忙的码头景象。

景德复兴

清朝后期,景德镇陶瓷生产受到外国洋瓷器的挑战。由于社会动荡和连年战乱,景德镇的陶瓷生产一落千丈,到 20 世纪 40 年代,已经处于崩溃的边缘。

到了新中国成立后的 50 年代,中国政府为了拯救景德镇的陶瓷工业,建起了采用先进生产技术的现代化工厂,成立了陶瓷研究机构,把几个陶瓷高等技术学院安置在景德镇。经过十多年的努力,景德镇的陶瓷生产逐渐复苏。20 世纪六七十年代,为了改变景德镇的单一工业模式,在坯房和瓷窑之外,又架构起现代化的新兴工业体系。

现在,景德镇的陶瓷工人占工业人口的 60%,陶瓷产品由单一的仿古陶瓷发展为日用陶瓷、美术陶瓷、工业用瓷、卫生陶瓷等系列陶瓷产品。景德镇的陶瓷技术不断发展,新的陶瓷品种不断涌现,陶瓷工业重新成为招牌产业。

千年岁月,日夜不熄的窑火曾经映红景德镇的天空,一代又一代的景德镇人点土成金,把普通的泥土变成贵比黄金的陶瓷,使景德镇最终成为千年窑火不熄的陶瓷之城。

中国现存最完整的古城——平遥古城

平遥是我国山西省中部的一座古城,有着悠久的历史和文化,是我们民族的宝贵财富,也是我国现存的保留最完整的明清时期的县城。

平遥不仅是一座历史悠久的古城,而且堪称"世界文物宝库"。平遥境内有各级文物保护单位达99处,其中,属国家级文物保护单位3处,即保存最完整的明代城墙、东方彩塑艺术宝库双林寺以及罕见的五代建筑精品镇国寺。

据历史记载,平遥古城始建于西周宣王时期(公元前827～前782年),至今已有2700多年的历史。经过各个朝代的变迁,平遥古城不断扩大和完善。现在看到的古城,是明洪武三年(1370年)进行扩建后的模样,城内街道、古建衙门、市楼等还保留原有的明代形制。

古城风貌

平遥古城是由完整的城墙、街道、店铺、寺庙、民居等组成的一个庞大古建筑群,是按照汉民族传统规划思想和建筑风格建设起来的城市。它较为完好地保留着明清(1368～1911年)时期县城的基本风貌。

古城总面积2.25平方千米,城内最高建筑名叫市楼,俗话说:"平遥城,六道门,市楼修在正当中。"它年代久远,像一位时代老人,看尽古城沧桑,是古城的象征。古城平面呈方形,东、西、北墙方直,南墙随中都河之势蜿蜒而筑。

1. 外部布局——"龟城"

平遥素有"龟城"之称,整个古城形如龟,龟为吉祥灵物,象征长寿、不朽、牢固、尊贵,系取意于永久和吉祥。古城共有六座城门,北门为尾，东、西各两门，为四足，市楼居龟背中央，寓意龟城千年不朽，固若金汤。每座城门均为重门瓮城，瓮城顶建重檐木构城楼，城墙四隅筑有角楼。南门叫"迎熏门"，被视为龟城之首，面向中都河，有"龟前戏水，山水朝阳"之意。城外原先还有两眼水井，喻为龟之双目。北门叫"拱极门"，为龟尾，地势最低，城内积水都从这里排出。东城墙上东门叫"太和门"，下东门叫"亲翰门"。西城墙上西门叫"永定门"，下西门叫"凤仪门"。东西四门平行对称，谓之龟的四条腿。上西门、下西门和上东门三座城门均向南而开，形似三条向前屈伸的龟腿，唯有下东门瓮城的外城门径直向东而开。龟象征着吉祥，据说古人建城时恐怕"吉祥"爬走，便将"龟"的"左后腿"使劲拉直，并用绳索拴在距城 10 千米的麓台塔上。可见，平遥的古城墙寄托着人们企盼国泰民安、风调雨顺的美好愿望。

2. 内部空间

平遥古城的内部空间布局体现了我国古代城市传统的对称布局特点，贯穿了我国古代的封建礼制思想。古城以南大街为轴线，以市楼居中，按左城隍（城隍庙）、右衙署（县衙）、左文（文庙）、右武（武庙）、东观（清虚观，道教）、西寺（集福寺已不存，佛教）的对称式结构布局。南大街、东大街、西大街、城隍庙街、衙门构成"干"字型商业街，商业店铺、票号等布于两侧。横跨在南大街上的市楼高 18.5 米，为重檐三滴水歇山顶。该楼的始建年代无考，现存为清代康熙年间的建筑，之后不断有所修葺。

平遥古城是按照汉民族传统规划思想和建筑风格建设起来的城市，众多的文化遗存代表了中国古代城市在不同历史时期的建筑形式、施工方法和用材标准，也集中体现了明清时期汉民族的历史文化特色，如平遥双林寺中佛教、道教、儒教等庙宇建筑都围绕中轴线有机布置，这种三教同奉的现象，就是兼容并包的三晋文化的一个体现。

平遥古城听雨楼

古城有八宝：金井市楼的金马驹、贺兰仙桥下的金蛤蟆、清虚仙迹中的透灵碑、凤凰栖台下的金龟子、鹦鹉巷内的鹦鹉石、文庙大成殿的杞木梁、木楔柱和九连钟。平遥有八景：金井市楼、贺兰仙桥、凤凰栖台、河桥野望、源池涌泉、麓台叠翠、烟溪晚照和超山晓月。

气势恢宏的古城墙

一道雄伟的城墙，关住了几千年的岁月，锁住了多少文化遗迹。

平遥的瓮城均为方型，内外各一道门，瓮城外门开在侧面。这种不在同一轴线上的重门设置，既避免了来犯之敌窥视城内的动向，又创造了守城士兵与来犯之敌迂回的条件，即便敌人攻破了第一道城门，守军还可以给入敌来个"瓮中捉鳖"，四周箭石俱下，敌军插翅难逃。

城墙的外侧筑垛口，墙高2米，因超过了人与马的高度，故名"挡马墙"，在城墙上调兵遣将，城外是看不清的。满布墙头的敌楼则便于形成"岗哨林立"的防线，天衣无缝。敌楼下突出的"马面"，不但增强了墙体的牢固性，而且假若兵临城下，马面上的守军可向城下之敌左右夹攻，消除了战场上的"死角"。

城墙外四周筑有护城壕,为城市的第一道防线。六个城门外缘均有吊桥,可惜现已不存。城墙上两边各有一道短堵,叫女儿墙。为什么叫女儿墙呢?宋代官府编写的《营造法式》上说,城墙高大厚实,像伟丈夫,女墙单薄短小,像弱女子。两边的女儿墙并不一样,向外的女儿墙上还修筑了垛口,垛口上留着供瞭望和射击使用的小孔。

在建城之初,此城墙仅为夯土筑成,规模较小。根据史书记载推断,平遥古城始建最晚在周宣王时期。明洪武三年(1370年),为防御外族南扰,对原西周旧城进行了重筑和扩修,内部用土夯实,外表全部用砖砌筑,以后景德、正德、嘉靖、隆庆和万历各代进行过多次补建修葺,更新城墙,增设敌台,在古城东南角还曾修建了一座象征古城文运昌盛的魁星阁。城墙高为6~10米,墙顶净宽3~6米,周长6.9公里。环周有3000个垛口、72座敌楼,象征着孔子的三千弟子、七十二贤人。在这里,起着军事防御作用的城墙,与孔子联系在一起,体现的正是古人所说的"文武之道,一张一弛"、"文以辅国,武以卫国",由此可见以孔子为代表的儒家思想影响之深远。

外雄内秀的民居建筑

中国古都,是把历史浓缩到宫殿,而古城平遥,则把历史融会于民居。

古城现存的传统民居共有3797处,其中有400余处保存相当完好,它们是中国北方汉民族历史文化的载体,具有深厚而丰富的历史文化内涵。

平遥民居既是中国汉民族中原地区一种具有普遍性的传统居住方式,又有其鲜明的地方特色,外雄内秀。它有三种基本的建筑形式:一种是木结构砖瓦房,一种是砖窑洞加木廊外檐,再一种是下层为砖窑洞、上层为木房的二层楼。一个宅院中全部筑成窑洞式或是木构砖瓦者的情形很少,往往是两种建筑形式同时共存。

平遥民居多为严谨的四合院,轴线明确、左右对称、主次分明、外雄内秀。沿中轴线有几套院组成,中间多用短墙、垂花门楼分隔,形成二进和三进的"曰"、"目"字形的基本布局形式,后院正房多为下层砖窑洞、上层木结构的两层楼式。民居内外装饰华丽,有木雕精细的垂花门,正房梁下挂落、雀替都有花饰,有的刻成狮子滚绣球,有的是福禄寿三星高照,或琴棋书画,或麒麟送子等。

平遥古城四合院

门窗都是木樘木棂,大都花纹繁巧,且各不相同。有些人家室内的墙裙上也有壁画,讲究的人家还用浅刻石雕做护壁。沿街巷的宅门都特别讲究,门顶形式多样,门匾多是名家所书的"崇实"、"树德"、"修齐"、"凝秀"、"霞蔚"、"乐天伦"等。有的住宅门外还有上马石、拴马柱,石雕精美,可见当时这些人家的富庶。所有民宅的墙壁全用白灰砌砖,粉墙黛瓦,正好衬托了市楼、庙宇建筑群和县衙等建筑的绚丽色彩。

晋商历史

说平遥就不能不说晋商和票号,因为平遥是晋商的发源地之一,同时也是中国第一家现代银行的雏形——"日升昌"票号的诞生地。

16世纪以来,平遥古城成为中国北方一座商业重镇,19世纪中后期达到极盛,一度成为中国近代金融业的控制中心。明、清时期,随着商业经济的发展,晋商一些大商号逐步形成了在山西设总号、在外地设分号、跨地区经营的商业系统。

在此种情形下,大宗的批发、运销带来巨额现银的解运业务,于是一种新的解款方式——票号汇兑应运而生。1824年,平遥商人雷履泰在城内首先在平遥西大街"西裕成"颜料铺的基础上创办了中国第一家专营汇兑、兼营存放银业务的"日升昌"票号,采用票号汇兑,代替了镖局长途押运银两的解款方式,并且最早开始在汇票上特制水印,用来识别真伪。这种专业化、网络化的货币汇兑和解款机制使中国古代社会中沿用的传统金融业发生了质的变化,开始走向汇兑清算为主代替现金清算为主的时代。平遥古城也因此成为中国近代金融业的摇篮。三年之后,"日升昌"在山东、河南、辽宁、江苏等省先后设立分支机构。

在"日升昌"的影响下,19世纪全国票号33家,分支机构遍布国内85个城市,以及日本、朝鲜、新加坡等国,分号总计400多个,号称"汇通天下"。

这一时期仅平遥城内的南大街和西大街,就设有20多家票号总部,占全国票号总数的一半以上,一度成为中国金融业的中心,基本垄断了全国的金融汇兑业务。

票号成为平遥古城强大的支柱,带动了平遥古城经济、社会和文化的大发展。平遥与临近的祁县、太谷并称为"中国的华尔街"。

"日升昌"票号

平遥最令人刮目相看的是它曾是中国的金融中心。清朝时,平遥有"小北京"之称,当时在平遥西大街上就集中了数家大规模的票号,被称为"大清金融第一街"。以"日升昌"为首的八大票号,所经营的汇兑业务通达国内 45 个城市,其中各式银行的"开山祖师"——日升昌,更是以"汇通天下"而盛名远播,年汇兑额可达 100 万两至 3800 万两。甚至在美国的旧金山、纽约都可以看到"日升昌"的字号,足见其财力之盛。就是在这时,古老的中国终于有了一种专业化、网络化的货币兑换机制,黄河南北终于卸下了实银运送的沉重负担。在这条鲜为人知的"华尔街"上,"日升昌"、"百川汇"这些大院大口吞吐着商业流通必需的存款、贷款。

如今"日升昌"票号旧址已开辟成票号博物馆。沿街厚木排门和一块鎏金招牌"日升昌记"仍显现出其昔日的至尊气派。"日升昌"票号的建筑布局采用三进式穿堂楼院。其铺面建筑、过厅和客厅都位于南北中轴线上,庭院和厢房沿中轴线严格对称布局。一进院设柜房,对外营业,二进院设信房和账房,主要用于内部经营管理,东侧有廊道可通马车。西侧的陈列室里悬挂有几幅诗文匾额,这就是中国最早的银行密押制度,即用汉代的数字表示。这些代码是不断演变的,保密性强,如 12 个月的代码:谨防假票冒取,勿忘细视书章;每月 30 日的代码:堪笑世情薄,天道最公平,昧心图自利,阴谋害他人,善恶终有报,到头必分明;一到十的数目代码:赵氏连城璧,由来天下传。

南跨院为封闭式的狭长通道,两侧墙高 10.2 米,屋檐施天网,无窗,既可防火,又可防盗。由于汇兑业务时收银和放银的需要,"日升昌"票号的营业柜房内全都修砌了地下金库,以备不测。"日升昌"所有外墙只有临西大街的铺面为宽厚的木板门,其余均为外观封闭,大院深深。

这种布局既体现了晋中民居的传统特色,又吸收了晋中商业店铺的风格,达到了使用功能和建筑艺术的完美统一,同时还充分体现了古人的一些民俗寓意,如高大厚实的砖石墙体中夹着铜钱和铁片,意味着"铜墙铁壁,固若金汤",屋檐施天网,则寓"天网恢恢,疏而不漏"之意。

当时已经实施了股份制,而且还实行得卓有成效,他们天才般地创造了银股和人力股(也叫身股或顶身股)两种入股方式。"人力股"式的利润分配方案更是了不起的创造和贡献,它根据员工对商号的贡献给予相应的股份额,从而把票号工作人员的物质利益与股东紧密地结合起来,激发出他们极大的工作热情和效率。

"日升昌"票号

世界上最大的地下陵寝——秦始皇陵

　　举世闻名的秦始皇陵被誉为世界上最大的地下陵寝,它位于西安以东 30 千米的骊山北麓,南依骊山,北临渭水。高大的封冢在巍巍峰峦环抱之中与骊山浑然一体,景色秀丽,环境优美。秦始皇陵是中国历史上规模最大的陵园。工程浩大,前所未有。秦始皇陵的布局和结构完全仿照秦都咸阳设计建造,高大的封土丘之下的地宫象征着富丽堂皇的皇宫,陵园的内城和外城象征着咸阳的宫城和外城。陵园和葬区总面积达 66.25 平方千米,比现在的西安城区的面积还要大一倍多。

千古一帝秦始皇

　　秦始皇生于公元前 259 年,死于公元前 210 年,姓嬴名政,是我国新兴地主阶级杰出的政治家。

　　嬴政诞生的时代是封建制全面取代奴隶制的关键时刻,封建生产关系逐渐在全中国形成。但是诸侯割据的分裂局面和奴隶制残余势力的存在,严重阻碍封建制的全面确立和巩固,新兴地主阶级同没落奴隶主阶级的斗争异常激烈。秦国任用商鞅变法,改革比较彻底,实现富国强兵,而其他六

秦始皇像

国由于改革的失败和不彻底,国力远不如秦国,这样实现封建统一的历

史重任就落在了秦国身上。

嬴政13岁继承王位。当时秦国内部的复辟集团,妄图颠覆新兴的地主阶级政权。嬴政22岁亲掌政权后,镇压了复辟势力,为实现统一大业扫清了障碍。

公元前230年,秦国发动大规模的统一战争。由于统一符合人民的心愿,经过10年奋战,秦国相继消灭了韩、赵、魏、楚、燕、齐六国,实现了统一全国的大业,建立了我国历史上第一个统一的多民族的封建国家。

当秦王嬴政从秦国的国君成为统一的秦王朝的最高统治者后,为了显示自己的尊严,嬴政自称是"始皇帝"。为了巩固统治,秦始皇还在统一中国后进行了经济、文化等领域的重大改革,统一了货币、度量衡及文字等。

秦始皇在我国历史上起过重大进步作用,建立了一定的历史功绩。但他又是封建帝王的代表,有着很明显的时代局限性。他从继承王位起便动用大量人力物力为其修建陵墓,一直到死尚未修完,耗资之巨,前所未闻。这种不顾人民死活、劳民伤财的做法,也是他作为一个封建帝王的一个见证。

闻名中外的秦始皇陵

秦始皇陵堪称中国历史上最早修建的最大的皇帝陵。

秦始皇陵坐落在风景秀丽的骊山北麓,西临游览胜地华清池。人们登上陵冢北望,可看见如练的渭水同南岸那条通往关东的古道平行,飘然东去。秦始皇陵选建的地点依山傍水,虎踞龙盘,更增加了这座帝王陵的高大雄浑的气势。

秦始皇陵墓内的情况,因尚未发掘,至今没有更为详细的记载。人们只能从《史记》等书中,读到一些不太全面的载述,对这座陵墓有一点了解。

秦始皇陵放置棺椁和随葬品的地宫,修建得极其深邃坚固。建墓所用的石料,经过特殊处理,涂上丹漆,以防潮湿。内部宫殿楼阁中塞满了奇珍异宝;墓内不止停放棺椁,还设有百官位次;用机械灌输水银,用来比作江河大海;在墓的顶部用明珠为日月,用鱼油膏为灯烛。为防盗墓,还专设了机关弩矢。据记载,在安葬秦始皇时,曾下令内宫的宫女,没有子女的一律陪葬。为防止泄密,凡参加修建墓室的工匠,都被活埋在陵墓里。所以这座皇陵,也是封建君主残害劳动人民的血证。

修建秦始皇陵,所费人力物力之多,用料之讲究,也是前所未闻的。因为修建陵墓的地区多砂石,缺少纯净的黄土,秦始皇便专门差人从数里之外的低洼地带把黄土运来,建好的皇帝陵高 120 多米,周边长 2000 多米,像是一座人工堆起的山。用土量达 1000 多万立方米,其工程量之大,达到骇人的程度。

从秦朝开始,人们为了对死去的帝王举行祭祀,往往在墓房建造寝庙,在庙内放置死者的衣冠,还要围绕陵墓建起城池,以备守护。秦始皇的陵园由两重城池护卫着。在护城的四角还建有警卫的角楼。

秦始皇陵铜车马

据载,秦始皇陵下有四条墓道分东、西、南、北四个方向通往地宫,墓道结构宏大,布局奇特。1980 年,从陵西墓道的一个侧室中出土了铜车马,由驷马安车和驷马高车组成,其大小约是真人真马真车的一半,造型生动,制作精巧,是极为珍贵的青铜艺术品。

秦始皇作为最高统治者,生前至高无上,死后也不甘寂寞。在灵魂永存的封建迷信思想支配下,企图把生前的奢华享受,全部搬到阴间去。所以他随葬的奇珍异宝数不胜数,而他修建陵墓及陵墓外诸多的从葬坑、礼仪坑和地面的围墙、阙楼、寝殿等所用的土工、木工、石工、砖瓦工、修理工,以及制作各类从葬物和随葬品的金银细工、油漆工、绘画工、冠服工、陶工、车舆工等更是难以计数。劳动人民用血汗和生命创造了这一伟大工程奇迹,为后人留下了数不清的财富。

秦始皇陵地下墓穴的结构

从已发掘的秦始皇陵遗迹看,秦始皇似乎要把生前的宫室、山河及其他一些宝物都带到地下世界去,而要实现这一点,非建造广阔的墓室难以如愿。据《史记·秦始皇本纪》记载:“大事毕,已藏,闭中羡,下外羡门,尽闭工匠藏者,无复出者。”这里,既提到中羡门、外羡门,想必肯定有内羡门。这似乎表明地宫中有通往主墓的通道,工匠只能闭在中羡门以外的地方,内羡门以内才是秦始皇棺木置放之地,至于墓道之长也就可想而知。

另外,颇让人匪夷所思的是,陵墓的朝向为坐西向东。众所周知,我国古代以坐北朝南为尊,历代帝王的陵墓基本上都是坐北朝南,那么秦始皇为什么独出心裁,坐西向东呢?

有人认为,秦始皇生前派遣徐福东渡黄海,寻觅蓬莱、瀛洲诸仙境,自己念念不忘成仙得道,长生不老。可惜徐福一去杳无音讯,秦始皇亲临仙境的愿望终成泡影。生前得不到长生之药,死后也要面朝东方,以求神仙引渡而到达天国,这大概就是秦始皇陵坐西向东的原因吧。

也有人认为,秦国地处西部,为了彰显自己征服东方六国的野心,秦王嬴政初建东向的陵墓。并吞六国之后,为了使自己死后仍能注视着东方六国,始皇帝矢志不改陵墓的设计建造初衷,仍然是东西朝向。

秦始皇陵地宫布局

还有人认为,秦始皇陵坐西向东,与秦汉之际的礼仪风俗有关。根据有关文献记载,当时从皇帝、诸侯到上将军,乃至普通士大夫家庭,主人之位皆坐西向东。秦始皇天下独尊,为了保持“尊位”,陵墓的朝向自然与此有关。

还有一些学者从秦人起源于东方的角度来解释,他们认为东方是秦人祖先曾经劳动、生活过的地方,他们对东方怀有特殊的感情,然而东西阻隔,路途遥远,其间又强敌林立,“叶落归根”的希望非常渺茫,因而采用朝向东方的葬式,以示不忘根本。相反,坚持秦人起源于西方的学者认为,秦人采用“头朝西方”的葬俗,是想彰显他们来自中国西部。

说法五花八门,到底哪个观点是对的,无法定论。

秦始皇陵被掘或被盗过吗

秦始皇陵是一座充满诱惑力和神秘色彩的地下宫殿,在两千多年的历史长河中,盗墓行径历来猖獗,秦始皇陵地宫中那数不清的奇珍异宝,还能保存完好吗?

历代皇帝在为自己修建陵墓时,都会想到防盗问题,并在这个问题上煞费苦心,秦始皇也不例外。秦二世胡亥要杀害所有建造陵墓的工匠、刑徒,就是因为他们对地宫构造太熟悉了,杀了他们以绝后患。秦始皇地宫以水银为"江河大海",这除了象征气势恢弘的大自然景观外,主要目的还是为了防盗。因为水银(汞)在常温下极易挥发,而其本身是剧毒类药物,人一旦吸入高浓度汞气,即可导致精神失常、肌肉震颤而瘫痪,以致死亡。在秦始皇陵的墓门内、通道口等处还安置了"机弩矢",这是一种触发性的武器,一旦有盗墓者进入墓穴,就会被这些暗箭射死。

秦始皇陵地宫这么森严恐怖的防盗措施,是否就吓倒了盗墓者呢?千百年来,无论是官方还是民间,都一直流传着秦始皇陵被几番盗掘的事。其中主要的有:牧羊儿火烧地宫棺椁、项羽挖掘秦始皇冢私取财物以及五胡十六国时期后赵国君石虎、唐末农民起义领袖黄巢破坏皇陵。

牧羊儿火烧地宫棺椁的说法出自《汉书·楚元王传》,大意是说一个牧羊的小孩在秦陵一带牧羊,其中有几只羊掉入地洞中,牧羊儿打着火把到地洞中去寻找羊,不料越走越深,看不到底,因为他走进了秦始皇陵的地宫。最后火把失火,洞内燃烧,竟把秦始皇的棺椁点燃了,洞内所有的奇珍异宝也在大火中消失。有专家认为,这种传说缺乏最基本的常识,牧羊儿单凭一支火把照明就能独自钻入地宫,烧掉了埋藏在地下数十米的棺椁?何况地宫之内严重缺氧,水银弥漫,不等牧羊儿接近棺椁也许就一命呜呼了。

项羽挖掘秦始皇陵的说法是后世学者根据《史记·高祖本纪》的记载推测的。项羽、刘邦在广陵（今荥阳东北）对峙时期，刘邦为争取道义上的优势，曾历数项羽十大罪状，其四是："项羽烧秦宫室，掘始皇帝冢，私收其财物。"而《水经注》又记载有："项羽入关发之（始皇陵），以三十万人，三十日运物不能穷。"《汉书》也有类似的记载。《纲鉴易知录》也说：项羽"引兵西，屠咸阳……掘始皇帝冢。"有专家因此认定项羽掘了秦始皇陵。虽然记载言之凿凿，似乎项羽掘秦始皇陵已成定论，但是凭心细想，这些记载也颇有可疑之处：刘邦、项羽是敌手，罗织罪名本不需要真凭实据。文人爱夸饰，据刘邦之言而作注难免有捕风捉影之虞。以《水经注》的记载而言，陵墓里到底有多少东西，要30万人用一个月还不能运完？这明显带有夸张的色彩。《史记》、《汉书》言及项羽掘墓时尽是虚处着笔，而并未在《秦始皇本纪》《项羽本纪》《高祖本纪》《高帝纪》等处坐实，这也显示了司马迁和班固严谨的治史态度。

19世纪70年代，随着秦陵兵马俑等物器的出土，考古学家对秦始皇陵的土质进行了测量。化验结果表明，地宫中心土质的汞含量高于一般情况下土质的280余倍，分布面积达12000平方米。这种汞含量是人工灌溉的水银挥发凝结而成的，完全符合《史记》中"以水银为百川江河大海"、《汉书》中"水银为江海"的记载。另外，秦陵出土的一批铜车马精致美观，车上大量金银饰件完整无缺，不像是遭到过严重的破坏。这些新的发现，都预示着秦始皇陵仍是一座沉寂在地下并未被开掘出来的巨大宝库。

根据现在对秦始皇陵状况的研究，人们倾向认为，项羽、黄巢等人最多也只是对皇陵的地面景观进行过破坏，他们当时没有能力也确实没有对秦始皇陵地表下的地宫造成破坏，因此，秦始皇陵可能是保存完好的古代帝王的最恢宏的陵墓。

为什么不发掘秦始皇陵

秦始皇陵坐落在西安以东的骊山北麓，它是中国历史上人工修建的气势最为恢弘的帝王陵墓。随着兵马俑和彩绘铜马车的发现，人们对秦始皇陵的关注与日俱增。不少人都发出疑问，为什么不发掘秦始皇陵，使丰饶的宝藏重见天日，使无价之宝重放异彩？

这是因为秦始皇陵的地宫结构复杂，许多情况至今没有弄清，而且有许多技术问题目前尚不能解决，如果仓促发掘，会造成严重破坏。

据现代勘测资料表明，秦始皇陵分为地面上的巨大封土和封土下的地宫两大部分。封土是经人工夯筑的，现高 46 米，底边南北长 350 米，东西宽 345 米，地宫上穴南北长 515 米，东西宽 485 米，总面积达 249755 平方米。地宫四周均有 4 米厚的宫墙，宫墙用青砖包砌起来，并且在地宫东、西、北三面发现了若干个门道。秦始皇陵究竟有多深？目前考古学家只钻探到 26 米，仍然是夯土层。要发掘这样规模巨大的地下陵墓，必须先要修建一个长、宽各 600 米的顶棚，若不建顶棚以防雨、防晒、防风，地下建筑则难以完美保全。建这样的大棚，目前国内的技术力量还达不到。

另外，秦始皇陵地下水位高，距地表 16 米就见水，而大量的建筑都在 16 米以下，如果发掘时没有大型的抽水、排水设施，就会使整个地下宫殿被水淹没。

客观而言，发掘或许还并不十分困难，最难的应该说还是对发掘文物的保护技术和保护水平的问题。对秦陵兵马俑及一些汉墓的发掘过程中暴露出一个很明显的问题，就是陶罐、陶人上面那些彩绘，发掘出来不久后就会淡化甚至消失。而如果发掘秦始皇陵，在地宫里会出现什么样的文物，尤其是有机质文物的保护难度非常高。挖开那么大一个坑，不可能一下子在瞬间就隔绝空气，做到恒温恒湿隔氧，即使有几分钟的误差,也会对文物造成致命的破坏。

所以,在现在发掘条件并不成熟的情况下,宁可让秦始皇陵地宫中的宝藏依然埋在地底深处。也就是说,在没有完全掌握文物的保护技术之前,绝不会对秦始皇陵墓进行发掘。因为里面的文物已被埋了2000年了,已经形成了平衡状态,变化非常小。突然发掘,就打破了这一平衡状态,文物接触氧和其他气体以后,很快就会发生变化。这种变化对于有些文物来讲是无法控制的。

秦始皇陵在20世纪80年代即被联合国教科文组织列为世界文化遗产。还是让它存在,供人参观,遥想千古一帝秦始皇统一中国时的"虎视何雄哉"的气魄吧!

威武雄壮的兵马俑

秦始皇兵马俑从葬坑是陕西省临潼县晏寨公社西杨村的农民在打井时发现的,时值1974年春天。随后陕西考古队开赴现场,经过几年的努力,发掘工作获得成功。

兵马俑从葬坑位于秦始皇陵园东1000米处,是一组模拟军事序列。当年将这组兵马俑葬于此处,显然是出于护卫陵墓地下建筑群的考虑。

发掘中共发现了放置兵俑和马车的三个从葬坑:南边一个(一号坑),北边两个(二号、三号坑)。坑内的兵俑和马车均坐西面东。

从那些出土的兵马俑的安置,我们可以看出劳动人民的聪明才智。2000多年前,古代的建筑技术还不能解决无柱的大跨度屋架结构。但又要按军事序列安排数以千计的同真人真马等高的陶俑群,所以聪明的设计者便想出挖坑放俑的办法。这些坑深入到地面以下5～7米,由一道道东西向的承重墙把大坑隔开。

出土的陶质武士俑是按秦军的将士形象而塑造的艺术品。从这些武士俑穿的战服看有两种,一种是身穿战袍的袍俑,另一种是袍外披甲的甲俑。他们都手执利器，身高在 1.75～1.97 米，显然是些经过严格挑选和训练有素的赳赳武夫。

出土的陶马身高多在 1.5 米，体长 2 米，膘肥体壮，和真马一样大小。据推算（二号、三号坑尚未完全挖掘），这三个坑里的兵马俑，包括有步兵、车兵、骑兵等陶俑近万件；车马 500 余匹；木质战车 130 余辆。这些全副武装的武士或驱车策马，或挽弓擎弩，组成了庞大的队伍。

三个坑的兵马俑，分兵种排列，有严格的次序，布局也不相同。

秦始皇陵兵马俑

第一号俑坑有兵马俑近 6000 左右，分横队和纵队排列。坑的东侧站有三路，每路 68 个手执弓弩、背负鞴（装弓箭的袋子）矢的兵俑，他们排成横队，威然肃立。他们使用的是弓和弩等远程兵器，身着轻装战服，显然是这支庞大队伍中的先锋部队，共 204 人。接后是由 40 多辆战车和手持长兵器的兵俑组成的队伍，这是由辚辚车马和虎虎武士组成的拼刺格斗的作战主体。另外，在这强大的横队和纵队的两侧及后部，又各有一列分别面向南、北、西三方的弓弩俑，500 多个弓弩俑组成两翼和后卫部队，以防备敌人拦腰截击和包抄,保证主力作战行动。

秦兵马俑的这种布阵方式,和秦朝作战布阵的方法相同。由此可见,兵马俑完全是模仿秦朝地面部队的一支声势浩大的"地下武装"。

第二号俑坑里发现的是按不同格局排列的兵马俑。有兵俑作战队形;有战车和身着盔甲的甲俑组成的作战队形;还有骑兵部队。人们判断二号俑坑是由步、弩、车、骑四个兵种穿插而成的混编部队,近似当代的各军兵种协同作战所摆开的誓师队伍。这个坑中的兵俑分别持有不同的兵器,有弓、弩、戈、矛、戟、铍、剑等。这些不同兵器,又组成了古代兵器的荟萃展览。

第三号俑坑正面停放着一辆华盖乘车,车后有 4 个戴长冠的甲俑。东北两个侧室分别布有 64 个侍卫甲俑。人们判断这是秦俑军事阵列的指挥车。

秦始皇陵兵马俑的发掘,使华夏大地又多了一处奇异的景观,其壮阔的场面令人惊叹。每一个兵马俑,都是古代劳动者创造的难得的陶塑艺术品。

秦陶塑兵马俑的艺术欣赏

陶塑是一种造形艺术的手段。其方法是先用黄泥塑造出具体的艺术形象,再经窑烧而成。秦俑的塑制大概经过了四个步骤,即泥塑、窑烧、绘彩、组装。值得称道的是,在 2000 多年前,秦代的劳动人民的陶塑技艺就达到了很高的水平。他们塑造的陶俑体格魁伟,比例匀称,逼真生动。

秦俑坑是秦军当年兵强马壮,驰骋疆场,征服六国,削平群雄,统一中国的壮丽场景的再现。人们在一号坑边肃立,仿佛能听到从古代传来的古战场的嘶喊与拼杀声。

许多专家学者对秦代兵俑作了深入的研究。秦俑所体现的艺术特

点,大致可分为如下几点:

一、秦俑的造型多样,各具特点

三个秦俑坑里的兵马俑总计近万件,数目之大,造型之多,堪数第一。这些造型中有人有车,有步兵、车兵、骑兵、弓弩手、指挥俑等,神态各异。

兵俑多为挟弓挎箭,身着战袍,有站姿、有蹲姿,各个凝目肃立,显得庄严威武。那些同车、骑混编,身披盔甲的甲俑,则手持长兵器,束着头发,体格健壮,孔武有力。而骑兵们则面庞清癯,凝神干练,身着的盔甲前襟短些,利于马上行动,脚上蹬着皮靴。而驾驭战车的车兵则身着重甲,紧握车辔,目视车前,曲背挺腿,显得全神贯注,御术熟练。那些呈蹲姿执弓控弦的弓弩手,目视前方,表情严肃,是些训练有素、可挽强弓的勇士。指挥俑塑得更显体格魁梧,按剑挺立,坚定沉着,刚毅自若,充分体现了身经百战、临敌不惧的帅者风度。

陶塑的兵俑多种多样,各具神韵。那些被精心塑制的陶马则膘肥体壮,双耳前倾,表现出一种随时准备嘶叫奔驰的机敏神态。

二、秦俑塑造中不仅重形似,而且重神似

秦俑的身躯、装束的造型是比较准确的。人们细观秦俑,还可以发现那些不同兵种、不同身份、不同年龄的兵俑都有不同的刻画。人们可以从那些千姿百态的兵俑脸上,看到他们不同的性格和气质特征。比如那挺胸直腰,双目凝视前方,两片髭须微微飘动的,表现出赴汤蹈火、敢斗强敌的勇士精神;那浓眉大眼,须髯翕张、嘴角上翘的,表明抱定了御敌必胜的信念;那满脸络腮胡子又颧骨突出的,应该是兄弟民族的猛汉;那面目清秀,嘴唇紧闭,带有怯生生表情的青年,可能是刚刚入伍的新兵;而那体态端庄、按剑挺立、沉静刚毅的指挥俑,则是身经百战的武官。

三、秦俑塑造中动与静统一和谐的艺术效果

秦俑的排列是静止的,数千兵俑结队肃立,寂静无声,使参观者产生一种从未有过的庄严壮阔的心理体验。然而当参观的人们仔细观察兵俑们每每不同的表情、动作和神态时,就会感受到在一片静穆之中随时可能喧嚣而起的战争场面。将士们似乎准备随时投入拼杀、驰骋疆场。

秦俑的塑造者使人在肃静中感受到那种流动感,感受到动与静的气势。这种动与静的和谐效果,产生了巨大的艺术感染力,带给人深刻的感染和永久的回味。

四、秦俑的塑造既真实又夸张,力求传神

秦俑是写实的,其队形编列、服饰衣着都出之有据。以战服塑造为例,就连战服上一颗颗细小如豆的甲钉,都是有盖有针丝毫不差。即使是一道道缀扎鞋底的针脚,绳纹也清晰可数;秦俑头上的缕缕发丝,更是像刚刚梳过的;甚至连指甲的长短、衣纹的随体变化,都细致入微,使人感到这些秦俑的逼真亲切。与之相反的是,在能表现秦俑性格特征的面部刻画上,塑造者采用了夸张的手法。比如,有的胡须是在俑唇上贴两条长方形的薄泥片,有的在鬓角上做成波折,着意突出俑兵的气宇轩昂。在眼眉的塑造上也是着意夸张,捏出两道突出的眉棱,再着彩画成重重的卧蚕眉,使得秦俑更为传神。

此外,秦俑在塑造手法上的创造性发挥,在色彩使用上的强烈鲜明,都给人以很强的艺术感染力,为专家学者和广大游人称道。这些艺术品成为中外艺术史上的璀璨明珠是当之无愧的。

一代女皇的无字丰碑——唐乾陵

位于陕西渭水之北群峰丘峦中的唐十八陵中，最西边的，也是最宏伟的一座，便是唐高宗和武则天的合葬陵——乾陵。它是中国历史上唯一的一座夫妻皇帝的合葬陵。如果说昭陵是唐代帝王"因山为陵"的创制，在唐代帝王陵寝制度的演变中有着承前启后的重要作用，那么乾陵才是唐代帝王"因山为陵"葬制中最完备、最典型的基本模式。

夫妻皇帝合葬陵

乾陵坐落在陕西省乾县境内梁山的北峰。梁山海拔 1000 多米，东有豹谷，西有漠谷，南以山峰两座为天然门户。山上岩石峥嵘，松柏苍翠，气派庄重宏大。站在梁山北峰南望，只见山势由北而南渐趋平缓，那情景，活似一个妇女仰面平卧在青翠的梁山之上，高峭的北峰好似卧妇的头，而南面东西对峙的两山峰，恰似这个卧妇胸部高高隆起的一对乳房。683 年 12 月，唐高宗李治病逝，次年 8 月葬在乾陵。705 年，一代女皇武则天病死，次年 5 月与唐高宗合葬于乾陵。从此，乾陵便以夫妻两帝合葬之地而著称于世。

武则天名曌，原籍山西文水人，出生在四川省广元县。她父亲武士彟早年是个经营木材的商人，喜欢结交官府。高祖李渊任隋朝太原留守时，与武士彟交情深厚。后来，李渊建立了唐朝，武士彟也到了长安，官至工部尚书。武则天 14 岁时，唐太宗听说她才貌双全，就把她召入宫内，封为才人，赐名"媚娘"。有了这个机缘，武则天能够和太子李治接触，建立了感情。唐太宗去世后，26 岁的武则天被迫入感业寺，削发为尼。三年后，武则天被继位的唐高宗李治召回,得到殊宠,不久就被封为"昭仪",地位仅次于皇后和贵妃。后来,李治废掉王皇后,立武则天为皇后。高宗晚年长期患病,精力不济,武则天趁机参与政事,逐渐独揽大权。690 年,武则天改唐为周,称圣神皇帝,成为我国历史上唯一的女皇帝。

乾陵周围原有内外两重城墙,内城南北城墙各长 1450 米,东城墙长 1582 米,西城墙长 1438 米,内城总面积将近 240 万平方米。内城有 4 座城门,北为玄武门,南为朱雀门,西为白虎门,东为青龙门。乾陵只在内城南门阙内设献殿,北门阙内不再设寝殿,而在内城南门外列置石人和石马,所以后人称其神道为"司马道"。

乾陵地宫

乾陵的设置完全是仿照唐长安城的布局。内城是陵寝所在,可比拟皇宫内苑,献殿前留出广场,作为子孙后代、百官僚臣祭祀的活动场地;从献殿前第一对阙往南,陈列石人石马,比拟百官衙署,石人石马象征着仪卫之制;第三对阙,从位置看已在陪葬区之南,如果有城墙的话,似乎可将全部陪葬区包括在内,那么这个区域即可以比拟为长安城的坊里,只是目前尚未发现这一道城墙的遗迹。据《唐会要》记载："乾陵元宫，其门以石闭塞，其石缝铸锡铁，以固其中。"又据史载："山陵穿复必资徒役，率癃弊之众，兴数万之军，调发进畿，督扶稚老，铲山辈石，驱以就工。"修建这样的山陵，工程的艰巨，由此可想而知。武则天在位时，唐朝国力鼎盛，修建乾陵前后用了 30 多年，陵中稀世珍宝数不胜数。

那么，乾陵到底是否被盗窃过？这是炎黄子孙十分关注的问题。新中国建立以后，考古工作者曾数次对乾陵进行了勘察，基本搞清了乾陵的建筑情况：乾陵的墓道长 63.1 米，宽 3.9 米，呈斜形坡，墓道至墓门用 4000 多块石条，分 39 层填砌。石条之间用铁拴板拴拉，每三层上下用铁棍穿连，再用锡铁溶化灌缝，坚固异常。经考古勘察，没有发现被盗的迹象。可以认为，乾陵地宫迄今仍保存完好。将来对乾陵的科学发掘，必然会有震惊世界的发现，因为它不仅是两个皇帝的合葬陵，而且它还是盛唐历史文物的集中代表。

乾陵的石刻模式

经过千百年的风风雨雨，乾陵宏伟壮丽的地面建筑早已不复存在，地面上保存至今的，仅仅是一批精美的大型石刻群。虽然陵前设置石刻群兴起于汉代，唐太宗的昭陵也列置了"六骏"和"十四国君长"石刻，但是乾陵石刻品类之多，数量之大，陈设、布局铺排富丽堂皇，有条有序，都是前代无法相比的。

乾陵至今保存在地面上的精美大型石刻约有 100 件，所以乾陵又以唐代石雕艺术而闻名于世，吸引着络绎不绝的国内外游人；为使游人观赏方便，国家投巨资由陵前村起步，沿南北走向的古御道北行，修筑了一条长 575.8 米、宽 11 米、高差 86.2 米的石阶路。全路用 32000 块陕西富平县出产的墨玉石砌成 526 级台阶和 18 座平台。

踏上石阶路，从南向北依次观赏，可以看到七组石刻。

首先看到的第一组石刻是一对华表。华表是陵墓入口的标志。乾陵的华表呈八棱柱形,通高 8 米,直径 1.12 米。柱身各面均雕刻着华丽的卷草图案纹饰,柱座雕有狮子以及云纹、蔓草纹。

第二组是翼马一对。翼马高 3.17 米,长 2.8 米。翼马来自遥远的西方,它目视前方,筋骨坚实,强悍雄健;马背上的两翼上刻有缠枝卷叶花纹,舒展优美,显示出希腊、波斯的艺术风格,表现出一种神奇浪漫的色彩。正是外域文化从唐帝国开启的国门中一拥而入,才给唐人文化生活增添了万千风采。

第三组是一对鸵鸟浮雕。鸵鸟高 1.80 米,长 1.3 米。这对鸵鸟为镂空立体浮雕,雕刻刀法圆润简洁。看那鸵鸟,长颈细腿,长足疾奔,造型独特,自汉唐以来,西域各国及兄弟民族曾多次赠送鸵鸟到长安,在唐代,鸵鸟成为外交活动的象征。从乾陵开始,将鸵鸟雕刻列置于帝王陵前,它是唐朝与世界各国友好往来的见证。

第四组是牵马石人五对。石马上雕刻鞍、镫等马具;牵马人站在石马前侧,他们头戴束发冠,身穿宽袖长袍,腰间系带,脚着靴,双手握剑,双目注视着前方,精神抖擞,好似皇帝生前的侍卫。

第五组是翁仲十对。每个翁仲高 4.1 米,翁仲是陵墓前列置的石人。传说翁仲姓阮,是秦始皇时期的一位巨人,力大无比,不幸在征讨匈奴时阵亡。始皇树翁仲铜像于咸阳宫殿前,后代的帝王以石翁仲守卫陵园。

第六组是石碑两通。西侧为"述圣记碑",高 6.3 米,边宽 1.86 米,重 81.6 吨。全碑由七节石料组成,俗称"七节碑",碑文由武则天亲撰,唐中宗李显书写。东侧为"无字碑",碑身是用一块完整的巨石雕成,通高 6.3 米,边宽 2.10 米,重 98.8 吨,是武则天为自已所立。

乾陵立石碑既不是起始,也不如昭陵石碑数量众多,但有趣的是,一手谋划乾陵修建的武则天,虽然为唐高宗撰写了千余字的《述圣记》,并在字画上"填以金屑"，以歌颂高宗的文治武功，但却对自己的事业没有一个字的评价，她在墓前矗立的只是一块"无字碑"。

第七组是61尊王宾石像，拱立在朱雀门前两侧，东列29尊，西列32尊。石像一般高1.6米，宽0.65米。当初这里建有两座大殿，东西相对，61尊王宾像置于大殿之中。据说当唐高宗下葬时，有各国的使节和少数民族首领的61位代表，参加了葬礼，武则天为了纪念当时的盛况，下令雕刻了61位王宾石像，置于陵前。不知是何时，众多王宾石像的头竟然不翼而飞，仅留下西列两尊有头。最初，石像背部都刻有该王宾所属的国家、官职和姓名，由于时间长久，风吹日晒，现多已字迹不清。

在司马道尽头，朱雀门前，还有一对石狮，是乾陵石刻中的精品。以石狮作为陵园门前的主要饰物，是从乾陵开始的。蹲狮高3.35米，宽1.3米。它前肢直立，昂首挺胸，双目远眺，威猛地守护着肃穆的陵寝，使整个陵园笼罩上一层神圣、尊严、凛然不可侵犯的气氛。除了石狮之外，还有石马……乾陵石刻数不胜数，其气派之壮阔令人倾倒。

乾陵威武的石狮

郭沫若先生游乾陵时，曾感慨万千，留下《咏乾陵》诗三首，其中一首写道："岿然没字碑犹在，六十王宾立露天。冠冕李唐文物盛，权衡女皇智全能。黄巢沟在陵无恙，述德纪残世不传。待到幽宫重启日，还期翻案续新篇。"

乾陵石刻陈设有序，富丽堂皇，更加显示出陵墓的宏伟气势。后来诸陵也都仿效沿用,成为唐帝王陵石刻的样板。唐中宗李显的定陵,唐睿宗李旦的桥陵的石刻与乾陵基本相同,只是少了王宾立像。乾、定、桥三陵为盛唐陵墓,其石刻的共同特点是高大,桥陵又甚于乾、定二陵,堪为盛唐的代表。

溢彩流光的陵墓壁画

在乾陵陵园的东南,尚存有 17 座陪葬墓。墓主分别是:章怀太子李贤、懿德太子李重润、泽王李上金、许王李素节、却王李守礼、义阳公主、新都公主、安兴公主、永泰公主、特进王及善、刘审礼、中书令薛元超、中书令户部尚书杨再思、礼部尚书左仆射豆卢钦望、左仆射刘仁轨、右卫将军李谨行、左武卫将军高侃。

1960 年以来,考古工作者先后对永泰公主、章怀太子、懿德太子、薛元超和李谨行等五座陵墓进行了发掘。这几座墓虽然都遭受过盗掘的厄运,但仍出土有唐三彩、瓷器以及金、玉、鎏金饰品等文物 4300 余件,尤其以陵墓壁画弥足珍贵。

永泰公主、章怀太子和懿德太子陵墓的形制一样,都是由斜坡墓道、砖砌甬道和墓室组成,其中有若干个天井、过洞和小龛。三座陵墓的墓壁上,都绘满了壁画,约有 200 幅。这些壁画生动形象地反映出当时社会的政治生活和文化生活。

《打马球图》反映了唐代马球运动的精彩场面:画面上的 20 多名挥月牙形球杖的运动健儿,有的聚精会神地纵马逐球,有的灵活机敏地返身拦击,比赛双方正在展开一场激烈的角逐。马球循丝绸之路传入中国,唐朝的十几个皇帝大都精于此道。有一次,唐朝的宫廷队与吐蕃队比赛,首场失利,急得太子李隆基带领几名贵族亲自上场,终于把对方击败。《打马球图》可以说是唐代与波斯人民文化交流的实证。明代以后,马球运动在中国失传,《打马球图》成为研究马球运动不可多得的宝贵资料。

墓道两壁还有一幅巨大的《客使图》(迎宾图),形象生动地描绘出中外友好往来的情景。画面上由南到北的三位使节,他们的容貌、服饰及其所戴的帽子,都与《旧唐书》所记载的东罗马人、日本人和我国东北少数民族的容貌和服饰相同,以此而论,他们是三位来自远方的使节。唐代曾与300多个国家和地区有着密切的往来,《客使图》是唐代中外频繁交往的例证。

墓前室墙壁上的《观鸟捕蝉图》,更是惟妙惟肖,生动传神。画面描绘的是三位身处深宫、空虚无聊的宫女:一个正在观望飞鸟;一个正欲捕蝉;一个凝思于树下。这幅画是唐代宫廷生活的现实写照。

懿德太子李重润是唐中宗的长子,武则天的孙子。他因对武则天的作为有不同的看法,而被武则天处死于洛阳。唐中宗追封李重润为懿德太子,灵柩由洛阳迁到乾陵陪葬。

懿德太子墓的壁画着重表现李重润在政治上的显赫地位和奢侈豪华的生活,以显示其特殊身份。墓道两壁的《阙楼仪仗图》,以巍峨的山峦为背景,雄威的城墙内耸立着雕梁画栋的高大阙楼;楼下排列着整齐而盛大的仪仗队、车辇和列戟;出场人员多达196人,分为步队、骑队和车队三大部分。画面旌旗招展,伞扇高举,浩浩荡荡,展现出太子大朝的隆重情景。这幅壁画上列戟数目之多,曾经引起历史学家的关注。戟数多寡是唐代表示爵位、门第高低的一种标志,永泰公主和章怀太子的陵墓壁画上各绘14戟,而《阙楼仪仗图》上多达48戟,与帝王规格相近。由此可见唐中宗对长子李重润的重视态度,反映了这位太子在昭雪平反后享受到的殊荣。

绘画是在人类发明摄影之前,能够存录现实生活场景的唯一手段,形象直观地再现历史,是唐墓壁画的特点之一。唐墓壁画的内容与一般石窟寺中单纯表现宗教的经变故事不同,更多反映的是唐代的社会生活。

乾陵壁画——端杯仕女图

意气风发的盛唐，孕育了充满浪漫激情的盛唐文化。《打马球图》、《狩猎出行图》、《侍女图》虽是唐代贵族享乐生活的写照，但它也从另一个侧面反映出盛唐时期政治稳定，经济发达，文化繁荣，民族关系融洽，充满勃勃生机以及宽松氛围的精神风貌。

现在，永泰公主、章怀太子、懿德太子三座墓已对外开放，乾陵博物馆就设在永泰公主墓陵园内，它们已经成为吸引众多中外游客的旅游胜地。

武则天的碑为何无字

陕西乾陵，埋葬着唐高宗李治和女皇武则天。这座陵墓是中国历代帝王陵园中唯一的一座夫妇两帝合葬墓。在陵园西侧，竖立着颂扬高宗文治武功的"功德碑"——"述圣记碑"，在东侧与它比肩而立着一座碑，就是著名的武则天的"无字碑"。

武则天是中国历史上唯一的一位女皇，历史上对于她的评价，或褒或贬，可谓浓墨重彩。武则天生前极尽荣光，也留下很多永垂青史的业绩，本应在记功德的石碑上刻记这些功德,却为何惜字如金,独留一座无字碑呢?

内心难平安

武则天虽然在当政期间做了很多可以名垂青史的事迹,但也做了很多不堪人言之事,正是这些事,使之无法坦然地把它记到功德碑上。那么,武则天究竟做了哪些事,连她自己也不愿言说呢?

武则天本是唐太宗的才人,太宗死后,被高宗李治收进宫中,凭着自己的聪明美貌一步步地靠近政治中心。她不甘心于做皇帝的附庸,她要登上政治的最高宝座,当历史上的第一位女皇。为了实现心中的梦想,她不惜采用阴谋手段,先后除掉了王皇后和萧淑妃,这场斗争是残酷的,但却为武则天赢得了新皇后的地位,使之向着目标又近了一步。

为了心中那个最高的目标,武则天在全国范围内培植党羽,组建自己的情报机关,利用酷吏政治和滥刑除掉了政敌和异己,也造成了人心的恐慌和人们对她的不满。

唐中宗嗣圣元年(684年),高宗李治去世,中宗李哲即位,武则天不肯罢手,在短短的不到一年的时间里,她囚禁皇帝,逼杀太子,继而追尊武氏先人,改换各种名号。从此开始了武则天真正独断朝纲的时代,史称“则天朝”。她的做法引起了当时社会的巨大震动,也引起了许多人的不满,甚至引发了叛乱。为平息叛乱,稳定自己的统治,她用恐怖政策打压支持李唐的士族势力,最后还残忍地把李唐皇室的近支子孙一网打尽。就这样,她一步步地扫清障碍,离自己的终极目标越来越近。

人所共知,当时的江山是李氏王朝,而且历朝历代没有女人能当皇帝的,所以武则天的行为自然引起了很多人的反对。但历史也有反其道的时候,武则天还是利用自己的铁腕为自己争得了难得的权力,达到了她梦寐以求的终极目标——做皇帝。也许正是在这个过程中,武则天所做的有悖古训、伦常的事使得她心有不安,以至于不敢有所披露。

功高无以记

另一种说法是武则天功高盖世,不是用文字可以表述的,所以立无字碑。

何以为凭?唐天授元年(690年),万民请愿,请求武则天登基。就连唐睿宗李旦也上表请求武则天称帝。可见武则天是很得民心的,于是武则天改国号为大周,成为中国历史上唯一的一位女皇帝。

正式称帝后的武则天,采取了一系列的改革措施。在政治上,开始施行破格用人的科举制度,充分发挥了科举的作用并开创了武举,对中国科举制的发展做出了重大贡献。在农业上,她奖励农桑、兴修水利、减轻徭役并整顿均田制,使社会经济不断发展,民户数不断增长。在军事上,她加强国防建设,改善与边境各族的关系,等等。总之,武则天是一个富有才干和政治理想的人,她通过自己的能力在统治期间做过许多符合民众利益的事,在"贞观之治"的基础上,使得国家稳步向前发展,并对后来的"开元盛世"起到了承前启后的作用。

作为历史上的第一位女皇,武则天对自己也是颇为骄傲和自豪的,从她在位15年、先后13次更改年号中可以看出她好大喜功的倾向,比如"天册万岁"、"万岁登封"、"万岁通天"等。此外,武则天还曾于延载元年(694年)耗巨资铸造"大周万国颂德天枢",上面刻着自己的功德和颂周贬唐的话;证圣元年(695年),又下令铸九州铜鼎和十二生肖,置于通天宫。武则天生前如此张扬自己的功绩,死后又怎么会立"无字碑"来反省自己的过错呢?所以有人认为,武则天之所以立"无字碑",是在夸耀自己的德高望重和功高德大是无法用文字表达的。

功过无以评

人都说英雄难过美人关,武则天虽为女人,也没有过得了这一关。她晚年宠溺张昌宗、张易之兄弟,二人就仗着武则天的宠信为所欲为,使得朝臣憎恶,政局混乱,君臣关系紧张。

在这种情况下,有人策划宫廷政变,要求处死张昌宗、张易之,同时逼武则天提前退位。神龙元年(705年)正月,趁82岁的武则天病重之际,宰相张柬之、右羽林大将军李多祚等人率羽林军500余人,冲入玄武门,杀死二张,逼迫武则天传位于中宗,改年号为"神龙"。二月,恢复大唐国号。这场政变史称"神龙政变"。武则天逊位给自己的儿子李显,宣告了大周政权的结束,武则天从此结束了自己长达半个世纪的政治生涯。

李显,原名李哲,是武则天的第三个儿子,在高宗之后即位,但可惜只做了两个月的皇帝,就被武则天废为庐陵王,贬出长安,先后被软禁在均州、房州长达14年,与妃子韦氏相依为命,遍尝人世辛酸。

唐武周圣历二年(699年),武则天召李显回长安,重新立为太子,直到神龙政变发生,他才得以重新登基。

武则天虽然退位,但她的余威犹在。所以,在李显登基之后,她仍然享受着皇帝的待遇,而且武家也同样享受着官爵及尊重。

神龙元年(705年)十一月,82岁的武则天病死在东都洛阳上阳宫的仙居殿,死前遗诏:"去帝号,称则天大圣皇后。"神龙二年(706年)五月,中宗安排武则天与高宗合葬在乾陵。

仙阁凌空——蓬莱阁

蓬莱阁坐落于山东半岛，天后宫西北的丹崖绝顶，为双层木结构楼阁建筑，建于宋嘉祐六年(1061年)，明洪熙、成化、万历、崇祯，清嘉庆、同治及建国后均有修葺，是与滕王阁、岳阳楼、黄鹤楼齐名的名楼，自古就有"仙境"的美称。

追溯蓬莱阁

蓬莱阁坐北朝南，是一座双层木结构建筑，以其为中心形成一组面积为32000多平方米的古建筑群。远远望去，楼亭殿阁高踞山崖之上，掩映于绿树之中，恍如神话中的仙宫。

蓬莱阁远景

蓬莱水城又名备倭城,初建于明洪武九年(1376年),后经多次整修扩建,形成了一套完整严密的海上防御体系。明代名将戚继光曾在这里训练水军,指挥沿海的抗倭斗争,肃清了倭患。水城于丹崖山下,沿着丹崖绝壁向南筑起。北门叫水门,是出海口,南门则与陆路相通。水门设有巨大的闸门,平时闸门高悬,大小航船进出无阻,遇到危险时则放下闸门,切断海上通道。水门外东西两侧,各有一座炮台,互为犄角,控制着附近海面。

蓬莱阁雕梁画栋,色彩绚丽,底部环列16根大红楹柱,上层绕有一圈精巧明廊,可供游人远眺。站在这里,就仿佛置身于海天之间,让人有出尘超凡之感,如果有幸,还可以看到"海市蜃楼"。

蓬莱阁东、西两侧前方均建有偏房、耳房,对称分布。耳房也可作为门厅之用,有道路与偏房和登阁石阶相连。阁前两耳房北山墙下立有清嘉庆、道光和光绪年间修葺蓬莱阁及其附属建筑竣工后立下的纪念性碑刻3方,其中西耳房北面的《重修登州蓬莱阁记》碑立于清道光年间,高2.3米,文字是行体大字,颇有气势。西耳房内西壁嵌有"日出扶桑"、"晚潮新月"、"千斛碎玉"、"万里澄波"、"仙阁凌空"、"神山现市"等蓬莱十大景的刻石10方,均为清代之物。

蓬莱阁底层长14.8米,进深9.65米,四面回廊,正门上方悬有"蓬莱阁"的巨匾,为清代书法家铁保的手迹,室内粉壁上原有历代遗留的诗文、题字、绘画,但现在都已不复存在了。底层北墙外壁嵌有"碧海清风"、"海不扬波"、"寰海镜清"三尊大型石刻,其中"碧海清风"的刻石是清代书法家鲁琪光墨宝,十分珍贵。而"海不扬波"的刻石则因在中日甲午战争期间,遭到日舰的炮击,而使"不"字受损,伤痕至今可见。底层内壁的灰皮也在当时震落,粉壁上包括南海才子招之庸所绘的《墨竹图》在内的一批珍贵字画从此绝迹人间。

蓬莱阁二层长13.5米,进深8.55米,北、东、西侧均有木质屏风,回廊外侧建有木栅格扶栏,北侧开窗,游人可在此凭栏观海。二层的阁门向南开启,门外悬挂"碧海春融"的匾额,内额则书"神州胜境"。阁内北面墙壁正中悬挂着清代书法名家铁保所书的"蓬莱阁"的巨匾,字体雄劲浑厚,弥足珍贵。西侧墙壁悬挂着董必武的题诗及叶剑英的题联。阁内的木质梁柱上附有彩绘,内容为"蓬莱十大景"、"八仙图"、"风竹图"等图案。周围摆放着八仙桌和八仙椅,并根据"八仙过海"的传说中八仙在蓬莱阁上放浪形骸,酒醉后各显神通渡海遨游的情节创作了"八仙醉酒"的组塑置于中央。

"蓬莱十大景"中,"仙阁凌空"、"渔粱歌钓"二景的最佳观景地点就是蓬莱阁。所谓"仙阁凌空",是指蓬莱阁高踞丹崖极顶,其下断崖峭壁,倒挂在碧波之上,偶有海雾飘来,层层裹缠山腰,画栋雕梁,直欲乘风飞去。游人居身阁上,但觉脚下云烟浮动,有天无地,一派空灵;而"渔粱歌钓"则是指蓬莱阁下的海面上,道道礁石浮出水面,如翘如跃,名曰渔粱。不时有三五老翁垂钓其上,得鱼掬水而烹,佐酒怡然自得,乐极而歌,此唱彼和,一派恬淡情韵,大似桃花源中世界。

天下绝景——黄鹤楼

　　号称江南三大名楼之一的黄鹤楼,原址在湖北武昌蛇山黄鹤矶头。相传它始建于三国吴黄武二年(223 年),1700 多年来屡建屡毁,最后一次毁于清光绪十年(1884 年)的大火之中。昔日的黄鹤楼有"天下绝景"之称,现存的黄鹤楼重建于 1985 年,位于距旧址约 1000 米的蛇山峰岭上,飞架大江的长江大桥就横跨在它的面前,使新楼比旧楼更为壮观。

千载悠悠黄鹤楼

　　黄鹤楼位于武昌蛇山头顶部,武汉长江大桥南端,始建于三国时期,高大雄伟,与湖南岳阳楼、江西滕王阁并称为"江南三大名楼"。

武汉黄鹤楼

黄鹤楼建于三国吴黄武二年(223 年),原址在湖北武昌蛇山黄鹤矶头,由孙权筑起。赤壁之战后,刘备借荆州,取四川,势力大盛,却不肯归还荆州。东吴大将吕蒙用计杀了关羽,夺回荆州后不久,刘备亲率十几万大军伐吴,孙权知道战事不可避免,便一面向魏称臣求和,一面集中力量对付刘备。为了就近指挥这场大战,孙权在长江边上依黄鹤山之险筑夏口城,并在城头黄鹤矶上建楼作观察瞭望之用,这便是最初的黄鹤楼。

　　后来在蛇山头顶部又建了新楼,更加雄伟,共 5 层,加 5 米高的葫芦形宝顶,共高 51.4 米,比古楼高出将近 20 米。

　　黄鹤楼濒临万里长江,雄踞蛇山之巅,挺拔独秀,辉煌瑰丽,很自然就成了名传四海的游览胜地。历代名士崔颢、李白、白居易、贾岛、陆游、杨慎、张居正等,都先后到这里游乐,吟诗作赋。

　　1700 多年来,黄鹤楼七建七毁,最后一次毁于清光绪十年(1884 年)大火。新楼于 1981 年在原址重建,1985 年建成开放,主楼以清代同治楼为蓝本,但更高大雄伟,既保持了古朴遗风,又富有时代新意。

画影图形

　　黄鹤楼素来以高大雄伟著称,号称天下绝景,蜚声中外。黄鹤楼共有 5 层,为钢筋混凝土仿古建木构形式。72 根大红柱子冲天而起,60 个翘角层层凌空,每个翘角上都挂着一个金色的风铃,或清脆或浑圆的铃声随风可闻。黄鹤楼整个屋面覆以黄色琉璃瓦,金碧辉煌,潇洒大方。攒尖顶下,四面各起一座骑楼,正面悬一块黑底金字匾,上书"黄鹤楼"三个大字。远远望去,黄鹤楼宛如一顶将军的盔帽,造成四宇飞张的气势,再配以直刺苍穹的楼刹,重叠而上的楼身以及高大浑厚的按基,更显得稳重端庄,气度非凡。

　　黄鹤楼内外均绘有以仙鹤为主体,云纹、花草、龙凤为陪衬的图案。楼的内部,层层风格各不相同,在布局、装饰、陈列上都各有特色。底层为高大宽敞的大厅,其正中藻井高达 10 多米,正面壁上为一幅巨大的陶瓷壁画——"白云黄鹤"，两旁立柱上悬挂着长达 7 米的楹联："爽气西来，云雾扫开天地撼；大江东去，波涛洗净古今愁。"四周空间陈列着历代有关黄鹤楼的重要文献、著名诗词的影印本，以及历代黄鹤楼绘画的复制品。

一进大厅，最引人注意的是一幅《白云黄鹤图》，它取材于驾鹤登仙的古神话，兼取唐诗"昔人已乘黄鹤去"之意，画面上的这位仙者，他口吹玉笛，俯视人间，似有恋恋不舍之情，下面黄鹤楼中的人群或把酒吟诗，或载歌载舞，大有祝愿仙人黄鹤早返人间之意。

走上楼去是一楼半的跑马廊。黄鹤楼外观为 5 层，但里面却不是这样，实际上有 9 层。这是因为中国古代"9"为阳数之首，又与汉字长久的"久"同音，有天长地久的意思。跑马廊里主要是陈列一些名人字画，供游客观赏。

二楼主要陈列的是关于黄鹤楼的历史资料，包括两幅壁画，一幅是《孙权筑城》，另一幅是《周瑜设宴》，分别反映了黄鹤楼与武昌城相继诞生的历史。此外，还有一篇《黄鹤楼记》，整篇文章不足 300 字，但却写清了黄鹤楼的地理位置、建筑形式、传说以及人们在黄鹤楼上活动的情形。

三楼展示的是黄鹤楼的文化渊源。其中有一组《文人荟萃》的版画，再现了历代文人墨客来黄鹤楼吟诗作赋的情景。在壁画中可以看到穿红衣的诗人，他就是崔颢，千古名诗《黄鹤楼》的作者。

黄鹤楼的四楼是文化活动场所，它专门陈列当代书画家游览黄鹤楼留下的即兴作品。中间是李可染先生的山水画，右边是李苦禅先生的遗作，左边则是吴作人先生特为黄鹤楼作的《翔千里》。另外，这里还备有文房四宝，可供游客即兴挥毫。

黄鹤楼的顶楼大厅里展示着一组题为《江天浩瀚》的组画，面积达 99 平方米，是全楼中规模最大的，由 10 幅金碧重彩画组成，表现了长江的自然景观和文明史话渊源。

从顶楼放眼望去，武汉三镇尽收眼底，或俯瞰，或眺望，一片绮丽风光,令人赏心悦目。黄鹤楼坐落在蛇山头,由于这列山丘东西延绵,形似长蛇,俗称蛇山。隔江对岸的则是汉阳龟山,龟蛇两山隔江对峙,长江大桥则把两岸山系连成一体。这样,东西延绵的莽莽山岭和南北穿行的浩浩长江在武汉大地上画了一个巨大的"十"字,黄鹤楼正好在这个交点旁。极目楚天,江山如画,令人心旷神怡!

崔颢题诗,李白搁笔

黄鹤楼建于三国时期,三国时在这临江的山巅上建楼,首先还是出于军事上的需要。但后来,由于黄鹤楼濒临万里长江,雄踞蛇山之巅,挺拔独秀,辉煌瑰丽,便逐渐成为宴客、会友、吟诗、赏景的游览胜地。历代的名人如崔颢、李白、白居易、贾岛、夏竦、陆游等都曾先后到这里游览,吟诗,作赋。

唐代诗人崔颢登上黄鹤楼赏景时留下了一首千古流传的名作《登黄鹤楼》:

昔人已乘黄鹤去,此地空余黄鹤楼。

黄鹤一去不复返,白云千载空悠悠。

晴川历历汉阳树,芳草萋萋鹦鹉洲。

日暮乡关何处是,烟波江上使人愁。

后来李白也来到此地,登上黄鹤楼,放眼楚天,胸襟开阔,诗兴大发,正要提笔写诗时,却见到崔颢的诗句。由于崔颢的诗词写得十分绝妙,李白自愧不如,只好说:"眼前有景道不得,崔颢题诗在上头。"

崔颢题诗,李白搁笔,黄鹤楼从此名气大盛。

天下名楼——岳阳楼

屹立于岳阳城西北高丘城台之上的岳阳楼,高 21.5 米,三层、飞檐、纯木结构。此楼始建于 220 年前后,距今已有 1700 多年历史。历史上屡修屡毁又屡修,现存的楼体沿袭了清朝光绪六年(1880 年)所建时的形制。相传岳阳楼的前身为三国时期东吴大将鲁肃的"阅军楼",两晋南北朝时称"巴陵城楼",初唐时又称为"南楼",中唐李白赋诗之后,始称"岳阳楼"。如今,岳阳楼与江西南昌的滕王阁、湖北武汉的黄鹤楼并称为江南三大名楼。

岳阳天下楼

岳阳古称"巴陵",位于湖南省北部,是一座历史悠久的文化古城。这里风景如画,名胜古迹众多,绵延万里的长江与碧波浩渺的洞庭湖交汇于此,古城有山,有水,有楼。自古以来,"洞庭天下水,岳阳天下楼"的巴陵胜景天下闻名,久经沧桑的岳阳楼矗立于洞庭湖的东岸,水光楼影,相映成趣。

岳阳楼的前身是"阅军楼"。三国时,东吴大将鲁肃奉命镇守巴丘,操练水军,在洞庭湖与长江相接的险要地段建筑了巴丘古城。东汉建安二十年(215 年),鲁肃在巴陵山上修筑了阅军楼,用以训练和指挥水师。阅军楼临岸而立,登临可观望洞庭全景,湖中一帆一波尽收眼底,气势非同凡响。到了两晋、南北朝时,阅军楼被称为"巴陵城楼",到唐朝时期方始称岳阳楼。

岳阳楼

岳阳楼从整体上可以用八个字来概括：四柱三层、飞檐、纯木。主楼高达 15 米，中间以直径 50 厘米的楠木大柱支撑，直贯楼顶，承载了楼体的大部分重量，再以 12 根柱作内围，周围绕以 30 根木柱。楼顶覆盖黄色琉璃瓦，造型奇伟，金碧辉煌；12 个飞檐，檐牙高啄，好似鸟嘴在高空啄食。整个顶部曲线流畅，陡而复翘，宛如古代武士的头盔，名叫"盔顶"。盔顶之下的如意斗拱，状如蜂窝，玲珑剔透。更值得一提的是，整个楼体没有用一颗铁钉，没有用一道巨梁。这种古老的木构建筑，充分显示出我国古代建筑艺术的独特风格和辉煌成就。

岳阳楼修建工艺精巧，而且历代文人荟萃，唐代诗人杜甫、韩愈、刘禹锡、白居易、李商隐等均曾前来登临览胜，留下了不少名篇佳作，使岳阳楼名扬天下。当年李白为岳阳楼赋诗曰：

> 楼观岳阳尽，川迥洞庭开。
>
> 雁引愁心去，山衔好月来。
>
> 云间连下榻，天上接行杯。
>
> 醉后凉风起，吹人舞袖回。

杜甫《登岳阳楼》很是脍炙人口：

> 昔闻洞庭水，今上岳阳楼。
>
> 吴楚东南坼，乾坤日夜浮。
>
> 亲朋无一字，老病有孤舟。
>
> 戎马关山北，凭轩涕泗流。

庆历四年春（1045 年），滕子京重修岳阳楼，并请好友、文学家范仲淹作下《岳阳楼记》，因为这篇千古美文，从此岳阳楼更加闻名遐迩。

如今，楼前"岳阳楼"的匾额为郭沫若手书，楼内陈设更是别具特色，各层内均挂有历代名家所撰写的楹联。一、二层各嵌有一幅《岳阳楼记》的雕屏，一楼所嵌的雕屏是 19 世纪的复品，二楼的则为 18 世纪大书法家张照所书，其字型方正、笔力雄浑、技法多变、独具匠心，为传世一级珍品；三楼所嵌雕屏是毛泽东书杜甫诗《登岳阳楼》，笔法雄健奔放、形神兼备。雕屏金光耀眼，熠熠生辉。

岳阳楼是江南三大名楼中唯一的一座保持原貌的古建筑，其建筑艺术价值无与伦比。由于古楼历史悠久、地位重要，加之文人墨客对之偏爱有加，洞庭湖畔流传的关于岳阳楼的传说故事也就数不胜数了。其中著名的有"吕洞宾三醉岳阳楼"的故事、"七十二仙螺造君山"、"二妃墓和君山"、"慈氏塔的故事"，等等。岳阳名楼及有关的传说故事如此之多，展现的风采如此丰美绮丽，这些都见证了它在我国古代建筑史上不可替代的声望和地位。